공립 유치원교사/임용시험 합격대비

민쌤의 유아임용 웹지도 각론 편

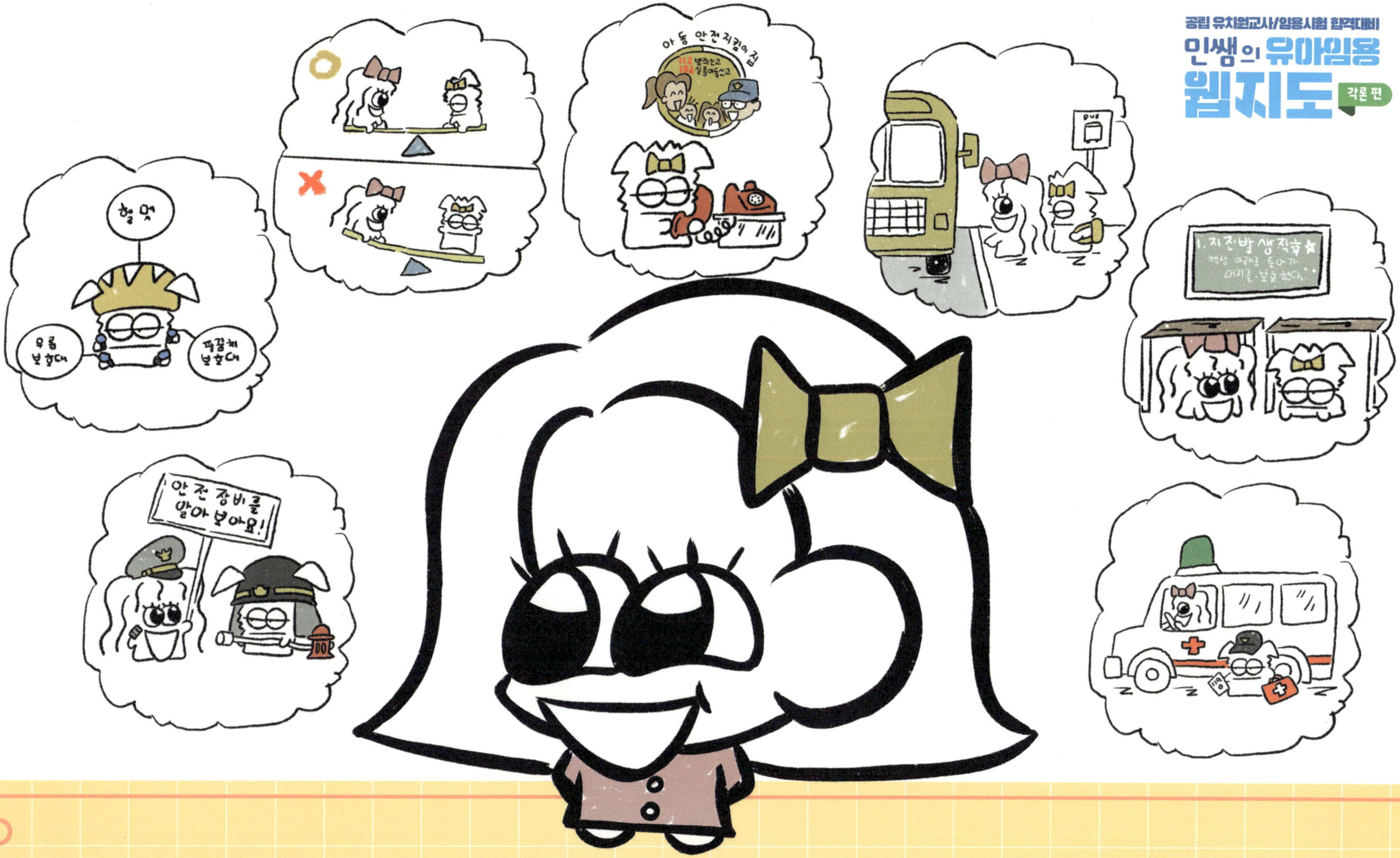

장슬하 선생님의

건강·안전교육

머리말

건강·안전교육 웹지도는 「학교안전사고 예방 및 보상에 관한 법률 시행규칙」 (제2조 제1항 관련), 「학교안전교육 실시 기준 등에 관한 고시」의 [별표 2 학생 안전교육 내용 및 방법]에 근거하여 요약 정리되었습니다. 특히, 2023년 신규 위험요인을 다룬 새로운 안전 내용이 추가되어 개편된 '학교안전교육 7대표준안 유치원용'(교육부, 17개 시·도교육청, 학교안전공제중앙회, 2023)의 7대 영역 55개 소분류의 모든 내용체계의 주제를 반영하여, 가장 최신의 안전교육내용으로 구성되었습니다.

안전교육은 범위가 넓고, 확인해야 하는 자료가 많아 수험생 여러분들에게 많은 부담을 주는 과목 중 하나라고 생각합니다. 본 웹지도는 7대 안전 영역의 주제별로 챕터를 구분하여 각 영역의 교육내용을 중분류, 소분류로 나누고, 소분류된 주제의 내용을 범주화하여 상위범주 내용을 진한색, 하위범주 내용을 연한색 박스로 표기하여 한눈에 보고 암기에 도움이 될 수 있도록 정리했습니다.

교육은 언제나 미래지향적이기에 시간이 지나면서 변화하는 교육내용은 자연스럽습니다. 더욱이 안전이라는 과목은 세상의 변화에 발맞춰 일상생활에서의 새로운 위험요인에 대비하기 위하여 가장 빠르게 변화해야 합니다. 안전교육내용과 관련한 정책, 관련 법령 등의 변화에 따라 웹지도의 내용도 개편해 나가겠습니다.

건강·안전교육 웹지도가 안전교육에 대한 여러분들의 어려움을 조금이나마 도울 수 있으면 좋겠습니다.

장슬하 드림

목차

I. 유아안전교육

- 안전의 개념과 사고요인 ········ 4
- 유아안전교육 개념 및 목적 ········ 5
- 유아안전교육 내용 ········ 5
- 유아 안전교육 교수·학습 ········ 6
- 1. 생활안전교육 ········ 7
- 2. 교통안전교육 ········ 24
- 3. 폭력예방 및 신변보호교육 ········ 36
- 4. 약물 및 사이버중독예방 교육 ········ 55
- 5. 재난안전교육 ········ 67
- 6. 직업안전교육 ········ 86
- 7. 응급처치교육 ········ 91

II. 유아건강·영양교육

- 1. 유아 건강교육 ········ 104
- 2. 유아 영양교육 ········ 110

Ⅰ 유아안전교육

안전의 개념과 사고요인

안전

- **사전적 의미**: 편안하고 온전하여 걱정이 없는 것, 위험성이 없는 것, 사고, 사건이 생길 위험이 없이 온전한 상태
- **보편적 의미**: 손상(인명피해) 또는 위험한 상태에 대한 인식을 유발할 수 있는 모든 인적, 물적, 사회적 위험 요소가 통제된 상태
- **WHO의 정의**: 개인과 지역공동체의 건강과 복지를 위하여 위험과 육체적, 정신적 또는 물질적인 해로움을 초래하는 조건들이 조절되는 상태
- **법률적 정의**: 국민의 생명·신체 및 재산 피해를 줄 수 있는 것을 예방하는 것 『안전관리기준』 제4조 1항)

〈반대어〉
위험: 위태하거나 안전하지 못하다.
재해: 자연 재해, 인적 재해

안전관리기준 주요 용어정의

- **안전관리**: 시설 및 물질 등으로부터 사람의 생명·신체 및 재산의 안전을 확보하기 위하여 행하는 모든 활동
- **기준**: 이해관계자들 사이에서 공통적이고 반복적인 사용을 목적으로 절차·방법·책임·의무·권한·사고방법·개념 등에 대한 공통된 원칙, 지침을 제공하는 문서
- **사고**: 운영중단, 중단, 손실, 비상, 위기 또는 유사한 결과를 초래할 수 있는 사건
- **위기**: 자연·인적 요인에 따른 재산과 생명의 피해 예방을 위해 긴급한 주의와 행동이 요구되는 상태
- **사건**: 사고 발생위험이 있거나 사고로 연결되어 피해가 확산될 가능성이 있는 상황
- **위험요소**: 안전사건과 사고의 원인이 될 가능성이 있는 것
- **비상**: 사고의 발생으로 즉각적인 행동을 필요로 하는 갑작스럽고 위급한 상황
- **사고 대비**: 사고 이전에 개발되어 시행되는 활동과 프로그램
- **경감**: 사고로 인한 피해나 손실을 축소하거나 제거하는 활동

『안전관리기준』 제4조)

손상과 사고

- **손상**: 비의도적 손상(불의의 사고: 교통사고, 낙상, 화상, 질식, 중독 등)이나 의도적행위(예: 폭력, 학대, 자살, 범죄 등)로 인해 초래되는 건강상의 해로운 결과를 의미
- **손상의 원인**: 사고, 자해, 폭력, 자연 재해, 재난, 전쟁 등
- **사고**: 사고(Accident)는 손상을 유발하는 하나의 주요 요인 사망 혹은 부상을 입게 하거나 재산상의 손실을 주는 사건 (사고 발생에 일정한 경향성이 있음)

안전사고의 원인

인적요인

- 주양육자 및 교사의 잘못된 모델링이나 보호 및 관찰 부족
- 규정, 매뉴얼 미비치, 교육과 훈련의 부족
- 유아의 발달적 특징에 따른 위험 요소

물리적요인

가정, 영·유아교육기관, 지역사회 등의 실내외 시설 또는 설비, 놀이기구, 생활도구 등 장소별 안전사고

사회적요인

영·유아 보호구역 관련, 영·유아 시설 관련, 영·유아 제품, 영·유아교육, 영·유아 안전 정책 관련 법과 제도 마련

더읽어보기

유아의 발달적인 행동 특성

① 몸의 중심이 머리 쪽에 있으므로 균형을 잃기 쉬워 낙상사고의 위험이 있다.
② 손에 닿는 것은 입으로 가져가는 경향이 있어 삼킴사고의 위험이 있다.
③ 어른을 모방하는 행동을 한다.
④ 주변의 환경에 대한 호기심이 높고 탐구하려는 충동이 강해서 탐색 활동이 증가하는 반면 신체적인 발달이 미숙하고 위험을 판단할 수 있는 지식이 부족하므로 사고의 위험이 있다.
⑤ 되돌려서 원인을 생각 생각할 수 있는 능력이 부족한 비가역성 특징과 결과를 예측할 능력이 부족하여 위험한 행동을 하기 쉽다.
⑥ 중심화, 직관적 사고의 특징으로 두드러지는 한 가지 부분에만 집중하여 전반적 상황을 이해하지 못하는 경향이 있다.
⑦ 자기중심적인 사고 경향으로 다른 사람의 시선이나 관점을 이해하지 못하기 때문에 위험에 노출될 수 있다.

참고 **하인리히(Heinrich)의 사고연쇄이론(도미노(Domino)이론)** 사고는 도미도가 연속적으로 쓰러지는 것처럼 연쇄적으로 발생한다.

유아안전교육 개념 및 목적

안전교육 개념	안전교육 목적	안전교육의 구성	유아안전교육 계획 시 고려사항
• 환경과 매체의 변화, 인간 행동 및 태도를 변화시키는 모든 교육활동 • 일상생활에서 개인이나 집단의 안전에 필요한 지식, 기능 태도 등을 기르는 것 • 자신과 타인의 생명을 존중하며 안전하고 건강한 생활을 영위할 수 있는 습관을 육성하는 것	• 안전에 대한 인식과 안전 행동 능력을 기른다. • 자신과 타인을 보호하는 지식, 기술, 태도를 기른다. • 안전을 위한 대처 능력을 기른다.	• 위험한 상황에 대한 이해와 적절한 안전 수칙을 알고 자신과 타인을 보호하는 **예방 교육** • 안전사고 발생 시 **처리와 대처**	• 영유아의 발달 및 연령 특성 고려한 안전교육 내용 • 일상적인 경험과 성인의 올바른 행동 모델링 • 안전사고가 발생할만한 상황과 경험을 자연스러운 학습 기회로 활용(상황중심, 일상중심교육) • 관련 주제와 계획된 활동으로 지원(주제중심, 부모 중심, 현장학습 교육) • 안전에 필요한 기본지식과 필요한 기술 습득 그리고 습관화(태도)할 수 있도록 지속적이고 반복적으로 실시

유아안전교육 내용

「2019 개정 누리과정」 신체운동·건강영역

건강하게 생활하기
- 자신의 몸과 주변을 깨끗이 한다.
- 몸에 좋은 음식에 관심을 가지고 바른 태도로 즐겁게 먹는다.
- 하루 일과에서 적당한 휴식을 취한다.
- 질병을 예방하는 방법을 알고 실천한다.

안전하게 생활하기
- 일상에서 안전하게 놀이하고 생활한다.
- TV, 컴퓨터, 스마트폰 등을 바르게 사용한다.
- 교통안전 규칙을 지킨다.
- 안전사고, 화재, 재난, 학대, 유괴 등에 대처하는 방법을 경험한다.

「아동복지법 시행령」 (제28조제1항 관련) [별표 6 교육기준]

성폭력 예방 교육	아동학대 예방 교육	실종·유괴의 예방·방지 교육	감염병 및 약물의 오용·남용 예방 등 보건위생관리 교육	재난대비 안전 교육	교통안전 교육
6개월에 1회 이상 (연간 4시간 이상)	6개월에 1회 이상 (연간 4시간 이상)	3개월에 1회 이상 (연간 10시간 이상)	3개월에 1회 이상 (연간 10시간 이상)	6개월에 1회 이상 (연간 6시간 이상)	2개월에 1회 이상 (연간 10시간 이상)

「학교안전사고 예방 및 보상에 관한 법률 시행규칙」(제2조제1항 관련) **「학교안전교육 실시 기준 등에 관한 고시」** [별표 2 학생 안전교육 내용 및 방법] [별표 1 학년별 학생 안전교육의 시간 및 횟수]

생활안전교육	교통안전교육	폭력예방 및 신변보호교육	약물 및 사이버 중독 예방 교육	재난안전교육	직업안전교육	응급처치교육
13 학기당 2회 이상	10 학기당 3회 이상	8 학기당 2회 이상	10 학기당 2회 이상	6 학기당 2회 이상	2 학기당 1회 이상	2 학기당 1회 이상

유아 안전교육 교수·학습

- 놀이를 통해서 안전 지식, 기술, 태도를 배우도록 한다.
- 다양한 놀이와 **안전 관련 활동**을 경험할 수 있도록 실내외 환경을 구성한다.
- 누리과정 5개 영역의 내용이 **통합적**으로 유아의 경험과 연계되도록 한다.

놀이와 연계한 안전교육 활동(유형)

동화 및 극놀이

놀이상황에서 실제 유사한 모의 상황과 연계된 극놀이를 하거나, 안전과 관련된 동화를 듣고 역할을 분담하여 동극으로 진행하면서 교통 경찰관과 운전사, 운전자와 보행자, 동물과 영유아, 유괴범과 유아 그리고 부모들 안전사고와 관련된 역할극을 하며 위험 상황에 대한 지식과 대처 능력을 기른다.

토의 (이야기나누기)

신문이나 뉴스를 통해서 들은 사고 내용을 주제로 토의를 하거나, 기관에서 안전사고를 일어났거나, 위험한 일이 일어났을 뻔했을 경우를 회상하며 위험한 상황에 대한 지식과 대처하는 방법에 관해 이야기를 나눈다.

동시

안전 내용의 동시를 들려준 뒤 안전의 실제 상황을 자연스럽게 유아에게 제시하여 구체적인 안전 수칙을 알 수 있도록 한다.

음률

안전 관련 동요를 부르거나 창의적 신체 표현(율동) 활동을 통해 특정한 안전사고 발생위험 상황에서의 안전 수칙을 반복해서 익힐 수 있다.

현장학습

지역사회 연계 활동의 한 부분으로 교통안전 체험관이나 재난체험관에 방문하여 재난과 안전사고 발생에 따른 위험 상황을 실제처럼 체험하여 지식과 대처 능력을 기른다.

게임

정해진 규칙안에서 즐겁게 게임에 참여하며 중요한 안전 수칙을 반복해서 익힐 수 있다.

안전교육 접근법

행동중심 접근법

안전 행동의 모델 제시 후 유아가 단계적으로 과제를 수행할 수 있도록 하여 교육내용을 반복적으로 연습하여 강화하는 방법
- 해당 내용을 단계적 서열화하기
- 내용에 대한 교수 목표를 설정하기
- **예** 그네를 안전하게 타는 법: 1단계 그네의 줄을 잡는다. → 2단계 그네에 의자에 앉는다. → 3단계 그네 주변에 다른 사람이 없는지 확인한다. → 4단계: 그네를 탄다.

역할놀이를 통한 접근법

안전과 관련된 주제를 중심으로 유아들이 겪을법한 일상에서의 여러 가지 위험한 상황에서의 다양한 역할을 맡아서 놀이하며 위험에 대한 대처 방법을 교육하는 방법
- 한번만 해보는 것이 아니라 반복해서 놀이하면서 다양한 역할을 수행해볼 수 있도록 하는 것이 필요하다.

상황중심 접근법

일상생활 중에서 안전과 관계되는 특별한 경우가 발생했을 때, 상황을 이용하여 교육하는 방법
- 유아들의 동기유발이 쉽고 실제와 직접 연결된다는 장점 하지만 안전교육 내용을 체계적으로 담을 수 없다.
- **예** 놀이터에서 유아가 넘어지는 등의 사고가 발생했거나, TV 뉴스에서 발생한 사고를 소개하며 위험 상황에서의 대처 방법에 관해 학습한다.

부모중심 접근법

유아의 안전에 관한 정보를 양육자 및 부모와 공유하여 일관적이고 지속적인 안전교육이 가정에서도 병행될 수 있도록 하는 교육 방법
- 가정통신문, 유치원 홈페이지, 부모교육 세미나 등의 다양한 방법이 있다.

주제선정에 따른 통합적 접근법

생활주제에 따라 활동(이야기나누기, 노래부르기, 신체표현하기, 견학하기, 동화읽기, 게임하기)을 계획하여 분리된 교과로 가르치는 것이 아니라 아동안전교육의 내용과 지식,기술, 태도를 통합적으로 교육하는 방법

전문단체를 통한 접근법

지역사회 프로그램을 통해 전문단체와 연계하여 실시하는 안전교육방법
- 어린이 급식 지원센터, 어린이 교통공원, 교통박물관, 아동, 여성장애인 경찰지원센터, 금연 두드림, 어린이 안전 체험관, 소방서, 어린이 직업체험관, 응급처치교육원, 보건소 등

현장학습 사전준비
- 현장학습의 목적을 명확히 설정하고 유아들이 인지할 수 있도록 함
- **사전답사**: 유아들의 동선과 안전 확인
- **사전활동**: 유아들과 현장에서 일어날 수 있는 안전교육 실시/ 방문하는 장소와 관련하여 궁금증이나 사전 정보를 알아보기
- 구급약, 비상 연락망, 유아 이름표 준비

현장학습 출발 전 확인
- 유아들의 건강 상태 확인(열 체크)
- 교사 역할을 분담하고 맡은 역할 숙지(유아 인솔, 긴급상황 확인 등)

현장학습 사후 활동
- 유아들이 직접 경험한 것을 회상하고 느낀 점과 새롭게 알게 된 점 공유하기
- 현장학습에서 배운 내용을 확장하고 연계한 놀이와 활동 경험하기

2013 기출 A 8-1 괄호에 들어갈 알맞은 말을 쓰시오.
답안 민수가 벌에 쏘인 우발적 사건을 계기로 (상황)중심으로 안전교육을 실시하였다.

1. 생활안전교육

학교안전교육 실시 기준 등에 관한 고시 [시행 2020. 1. 1.] [교육부고시 제2019-214호, 2020. 1. 1., 일부개정]		
교육시간	교육내용	교육방법
13 횟수 학기당 2회 이상	1. 교실, 가정, 등하굣길에서 안전하게 생활하기 2. 안전한 장소를 알고 안전하게 놀이하기 3. 놀이기구나 놀잇감, 도구의 바른 사용법을 알고 안전하게 사용하기 4. 실종, 유괴, 미아 상황 알고 도움 요청하기 5. 몸에 좋은 음식, 나쁜 음식 알기	1. 학생 발달 수준을 고려한 전문가 또는 교원 설명 2. 학생 참여 수업 방법 연계 적용 (예시: 역할극, 프로젝트 학습, 플립러닝 등) 3. 교내외 체험교육 또는 현장학습 4. 일상생활을 통한 반복 지도 및 부모 교육 연계

[아동복지법 시행령 별표 6 교육 기준] (개정 2022.6.21.) 실종·유괴의 예방·방지 교육		
교육시간	교육내용	교육방법
연간 10시간 이상 횟수 3개월에 1회 이상	1. 길을 잃을 수 있는 상황 이해하기 2. 미아 및 유괴 발생 시 대처방법 3. 유괴범에 대한 개념 4. 유인·유괴 행동에 대한 이해 및 유괴 예방법	1. 전문가 또는 담당자 강의 2. 장소·상황별 역할극 실시 3. 시청각 교육 4. 사례 분석

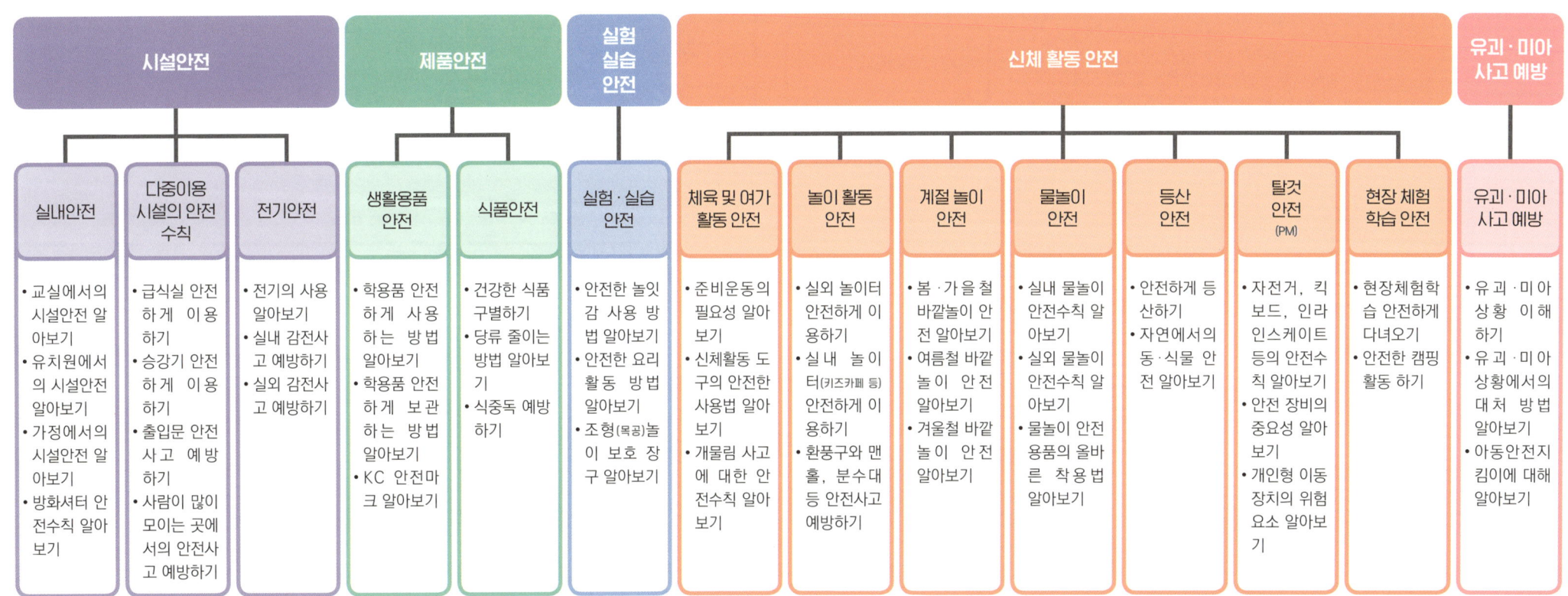

[출처: 학교안전교육 7대 표준안 교육 자료집(교육부, 학교안전공제중앙회, 2023)]

시설안전 　실내안전

학습목표	교실, 유치원, 가정 등 유아가 일상에서 자주 접하는 장소에서 안전을 위협하는 상황을 찾아보고 안전하게 생활하는 방법을 알아본다.

누리과정 관련 요소

신체운동·건강

의사소통

사회관계

안전하게 생활하기
일상에서 안전하게 놀이하고 생활한다.

읽기와 쓰기에 관심 가지기
주변의 상징, 글자 등의 읽기에 관심을 가진다.

사회에 관심 가지기
내가 살고 있는 곳에 대해 궁금한 것을 알아본다.

학습주제	학습의 중점
1. 교실에서의 시설안전 알아보기	• 교실에서 위험할 수 있는 장소나 물건을 찾아보고, 안전하게 사용하는 방법을 알아본다.
2. 유치원에서의 시설안전 알아보기	• 화장실, 강당, 실내놀이터, 복도 계단 등에서 위험요소를 찾아 안전하게 이용할 수 있다.
3. 가정에서의 시설안전 알아보기	• 거실, 주방, 세탁실, 화장실 등에서 위험요소를 찾아본다. • 가정에서 시설을 안전하게 이용하는 방법을 알 수 있다.
4. 방화셔터 안전수칙 알아보기	• 방화셔터의 기능과 종류에 대해 알아본다. • 화재 시 방화셔터가 내려올 수 있음을 알고 대피하는 방법을 알 수 있다.

[출처: 학교안전교육 7대 표준안 교육 자료집(교육부, 학교안전공제중앙회, 2023)]

유치원 장소별 안전수칙

화장실 사용의 안전

• 화장실 출입문을 갑자기 열거나 발로 차서 열지 않는다.
• 화장실 문 앞에 다른 사람이 기다리고 있다고 생각하고 안에서 나올 때 갑자기 문을 열지 않는다.
• 화장실 바닥은 미끄러울 수 있으므로 미끄러지지 않게 조심히, 천천히 걷는다.
• 화장실 문이 잠겨 갇혔을 경우, 밖에 있는 사람에게 상황을 알려 어른의 도움을 요청하거나, 없는 경우 큰 소리로 외쳐 도움을 청한다.

계단에서 안전 수칙

• 계단에서는 주머니에 손을 넣고 걷지 않는다.
• 난간(손잡이)를 잡고 한 칸씩 천천히 이동한다.
• 계단에서는 뛰거나 장난치지 않는다.

복도에서 안전 수칙

• 단체로 이동할 때는 질서 정연하게 이동하고 밀거나 뛰지 않는다.
• 복도에서 달리기나 씨름 등 장난을 하면, 다른 사람에게 피해를 주고 다치기 쉬우므로 장난을 하지 않는다.
• 비나 눈이 올 때는 복도 바닥이 젖게 되므로 미끄러지지 않도록 주의하면서 천천히 걷는다.

방화셔터 안전수칙

• 방화셔터가 위에서 바닥으로 내려옴으로 아래에 물건을 두지 않는다.
• (방화셔터에는 비상구가 함께 설치되어있음) 손으로 밀리지 않는다면 온몸에 체중을 실어 비상구를 열고 탈출한다.

가정에서의 안전사고

유형	예방법
추락사고	• 영유아가 밟고 올라설 수 있는 가구나 물품은 창문 가까이 두지 않는다. • 가정 내 모든 창문에 낙상 방지용 난간을 설치한다. • 발코니, 난간, 계단 등에서 놀도록 않도록 한다. • 침대 아래에는 안전매트를 설치한다.
미끄러짐/넘어짐	• 길고 딱딱한 물체(숟가락 칫솔)를 입에 물고 돌아다니지 않도록 한다. • 미끄러지지 않도록 바닥을 치운다.
부딪힘	• 테이블 등 모서리가 날카로운 가구에는 보호 덮개 및 보호 장치를 부착한다.
눌리거나 끼임	• 아이들의 손이나 발이 끼기 쉬운 문틈에는 손끼임방지장치를 설치한다. • 선풍기는 안전망을 씌워 사용한다 .
삼킴사고	• 쉽게 삼킬수 있는 자석이나 장난감은 치우도록 한다. • 세제나 화학제품은 손에 닿지 않는 곳에 보관한다. • 떡과 같은 말랑말랑한 음식은 작게 잘라서 먹인다.
전자제품	• 습기나 물기가 있는 세탁실, 주방, 목욕탕에서 사용하지 않는다. • 다리미, 고데기 등의 전자제품은 화상의 위험이 있으므로 사용 후 바로 정리한다. • 전기포트, 전열기, 밥솥은 유아의 손이 닿지 않는곳에 둔다.
감전사고	• 젖은 손으로 전기기구를 만지지 않는다 • 사용하지 않는 콘센트는 반드시 덮개를 끼운다.
가스누설 사고	• 가스를 다 쓴 후에는 점화 코크는 물론 중간 밸브도 잠근다. • (누설시) 즉시 코크와 중간 밸브, 용기 밸브까지 잠근다. • (누설시) 전기기구를 절대로 사용하지 않도록 한다.

시설안전 — 다중이용시설의 안전수칙

학습목표: 일상생활에서 접하는 다중이용시설에서의 위험요소를 찾아보고 안전하게 이용하는 방법을 이해할 수 있다.

누리과정 관련 요소

- **신체운동·건강** — 안전하게 생활하기: 신체 움직임을 조절한다. 안전사고, 화재, 재난, 학대, 유괴 등에 대처하는 방법을 경험한다.
- **사회관계** — 더불어 생활하기: 약속과 규칙의 필요성을 알고 지킨다.
- **자연탐구** — 생활 속에서 탐구하기: 도구와 기계에 대해 관심을 가진다.

학습주제	학습의 중점
1. 급식실 안전하게 이용하기	• 급식실에서 안전하게 이용하는 방법을 안다. • 급식실에서 안전하게 행동한다.
2. 승강기 안전하게 이용하기	• 승강기의 종류와 기능에 대해 알아본다. • 승강기 이용 시 안전하게 이용하는 방법을 알고 실천해본다.
3. 출입문 안전사고 예방하기	• 출입문에서 자주 발생하는 안전사고 원인을 찾아본다. • 출입문 안전스티커를 만들어 사고가 일어날 수 있는 장소에 게시한다.
4. 사람이 많이 모이는 곳에서의 안전사고 예방하기	• 사람이 많이 모이는 장소와 상황을 알아본다. • 사람이 많이 모인 곳의 위험성을 인식한다. • 사람이 많이 모이는 곳에서의 안전사고를 예방하는 방법을 알아본다.

[출처: 학교안전교육 7대 표준안 교육 자료집(교육부, 학교안전공제중앙회, 2023)]

급식실 안전

급식실 이용 순서
1. 손을 깨끗이 씻는다.
2. 줄을 서서 차례를 기다린다.
3. 수저나 포크를 한손에 쥔다.
4. 밥 → 반찬 → 국 순서대로 받는다.
5. 정해진 자리에 앉아 식사를 한다.
6. 다 먹고 남은 음식은 한곳으로 모은다.
7. 남은 음식을 정해진 곳에 버리고 급식판, 국그릇, 수저를 정리한다.
8. 물을 먹고 약속된 곳에서 친구들을 기다린다.

발생할 수 있는 안전사고
- 젓가락 및 포크에 찔릴 수 있다.
- 급식대 모서리에 긁히거나 부딪힌다.
- 뜨거운 국을 엎어 데인다.
- 음식물로 미끄러운 바닥에서 장난치다가 미끄러져 넘어진다.

[참고] 군중몰림, 군중압착 상황 시 안전한 자세
① 두 손을 가슴에 모아 공간 확보하고 다리를 고정한다. (갈비뼈 보호, 호흡 공간 확보)
② 움직임이 잠잠해지면 대각선으로 군중을 가로질러 이동 시도한다.
③ 넘어졌을 경우 몸을 웅크려 머리, 가슴 등 중요 신체부위를 보호한 후 침착함을 유지했다가 최대한 바르게 일어나 안전한 자세를 취한다.

다중이용시설의 안전수칙

유형	승강기(엘리베이터)	에스컬레이터, 무빙워크	출입문	사람이 많이 모이는 곳에서의 안전사고
예방 수칙	• 운행 중인 승강기 내에서 뛰거나 심한 장난을 하지 않는다. • 조작판의 인터폰, 비상정지 스위치 등을 장난으로 조작하지 않는다. • 승강기 출입문을 손으로 밀지 않고 기대지 않는다.	• 의복, 스카프, 신발 등이 틈새에 끼지 않도록 주의한다. • 핸드레일을 잡고 탑승한다. • 천천히 탑승하고 황색 안전선 안쪽에 타도록 한다. • 주행 방향을 거슬러 타거나 장난을 하지 않는다. • 계단에 앉거나 맨발로 타지 않는다.	• 여닫이 문, 미닫이 문, 접이식 문, 회전문, 자동문 등 문을 여는 방향에 따라 안전하게 이용한다.	• 사람이 많이 있는 곳은 무리하게 들어가지 않는다.(피하기) • 자신의 이름, 부모님(보호자) 연락처 등을 기억한다. • 출입로, 비상구, 대피장소를 미리 확인한다. • 부모님(보호자) 손을 잡고 함께 이동한다.
대처 방안	• 침착하게 비상벨을 누르고 구조를 요청한다. • 승강기 번호를 알려준다. • 출입문을 강제로 개방하지 않는다.	• 사고 발생 시 비상정지 버튼 등을 사용, 즉시 정지시킨다.	• 끼임과 충돌이 주된 원인임으로 사고를 파악하고 신속하게 대처한다.	• 성인(선생님, 부모님)과 함께 넓은 공간으로 이동해서 사람이 많은 곳을 피한다. • 다른 사람을 밀지 않고 침착하게 움직인다.

시설안전 전기안전

학습목표 주위에서 전기를 사용하는 시설이나 물건을 찾아보고, 감전사고를 예방하는 방법을 알고 실천한다.

누리과정 관련 요소

신체운동·건강 | **사회관계** | **자연탐구**

안전하게 생활하기
안전사고, 화재, 재난, 학대, 유괴 등에 대처하는 방법을 경험한다.

사회에 관심 가지기
내가 살고 있는 곳에 대해 궁금한 것을 알아본다.

생활 속에서 탐구하기
도구와 기계에 대해 관심을 가진다.

학습주제	학습의 중점
1. 전기의 사용 알아보기	• 전기가 우리 생활에 편리함을 준다는 것을 이해한다. • 전기를 함부로 사용하면 위험할 수 있다는 것을 안다.
2. 실내 감전사고 예방하기	• 실내에서 전기를 사용하는 물건들을 찾아본다. • 실외에서 감전사고를 예방하여 안전하게 사용하는 방법을 안다.
3. 실외 감전사고 예방하기	• 실외에서 전기를 사용하는 물건들을 찾아본다. • 실외에서 감전사고를 예방하여 안전하게 사용하는 방법을 안다.

[출처: 학교안전교육 7대 표준안 교육 자료집(교육부, 학교안전공제중앙회, 2023)]

사고 예방

실내 전기사고 예방

• 한 개의 콘센트에 전기제품을 여러 개 사용하지 않는다.
• 사용하지 않는 전기제품의 코드는 뽑아 놓는다.
• 콘센트에서 플러그를 뽑을 때는 전선을 잡아당기지 않는다.
• 전기제품에 물이 닿으면 감전이나 화재의 위험이 있으므로 물기가 없는 곳에서 사용하고, 손에 묻은 물기를 닦고 만져야 한다.

실외 전기사고 예방

• 전봇대에 올라가거나 고압전선을 만지는 장난을 절대 하지 않는다.
• '고압'이나 '위험'이라고 써 있는 장소는 절대 들어가지 않는다.
• '고압'이나 '위험'이라고 써 있는 물건은 절대 만지면 안 된다.
• 떨어진 전선을 만지면 감전될 수도 있으므로 조심해야한다.

감전예방 및 정전 발생시 행동요령

침수지역 감전사고 예방

• 늘어진 전선에 접근하거나 만지지 않는다.
• 누전차단기가 동작하였을 때는 원인을 제거한 후 사용한다.
• 가옥이 침수되었을 때에는 개폐기를 내려두고 전문 전기공사 업체에 의뢰하여 점검을 받은 후 사용한다.
• 침수된 가옥 수리 시 손상된 전선은 교체하도록 하고 가옥과 배선부분이 완전히 건조된 후 사용한다.
• 넘어진 전주·가로등 등 파손된 전기시설물에는 절대 접근하지 말고 한국전력(국번 없이 123)에 신고한다.

정전발생시 조치사항

• 정전이 되면 창밖으로 주변을 확인하여 지역일부만 정전인지, 전체적으로 정전인지 확인한다.
• 전기스토브, TV, 전지렌지, 컴퓨터 등의 플러그를 뽑는다.
• 양초나 랜턴을 켜고 핸드폰으로 뉴스나 재해 상황 중계방송을 경청한다.
• 한 집만 정전이 되었을 경우에는 누전차단기가 동작되었는지, 안전기(두꺼비집)이 열렸는지 확인 후 스위치와 플러그를 모두 끄거나 빼고 누전차단기나 안전기를 다시 작동한다.
• 누전일 경우에는 다시 정전이 됨으로 스위치와 플러그를 한 개씩 순차적으로 작동하면서 불량개소를 확인한다.
• 일부 몇 집만 정전일 경우에만 국번 없이 123으로 신고한다.

제품안전 — 생활용품 안전

학습목표: 학용품을 사용할 때 발생할 수 있는 위험요소를 찾아보고 안전하게 사용할 수 있다.

누리과정 관련 요소

- **신체운동·건강** — 안전하게 생활하기: 일상에서 안전하게 놀이하고 생활한다.
- **사회관계** — 듣기와 말하기: 자신의 경험, 느낌, 생각을 말한다.
- **자연탐구** — 생활 속에서 탐구하기: 도구와 기계에 관심을 가진다.

학습주제	학습의 중점
1. 학용품 안전하게 사용하는 방법 알아보기	• 학용품을 사용할 때 발생 할 수 있는 위험요소를 찾아본다. • 안전한 학용품 사용 방법을 직접 실천해본다.
2. 학용품 안전하게 보관하는 방법 알아보기	• 학용품의 안전한 보관 방법을 알아본다. • 교실에 있는 학용품을 직접 안전하게 보관해본다.
3. KC 안전마크 알아보기	• KC 안전마크의 의미를 알아보고 교실에서 직접 찾아본다. • KC 안전마크를 다른 사람에게 알린다.

[출처: 학교안전교육 7대 표준안 교육 자료집(교육부, 학교안전공제중앙회, 2023)]

학용품 안전

예방수칙

- 가위와 연필등 날카롭고 뾰족한 물건을 입에 넣지 않는다.
- 가위손잡이에 손가락을 걸고 돌리거나 휘두르는 장난을 하지 않는다.
- 유아용 가위를 사용한다.
- 가위나 연필등을 친구에게 건네줄 때는 뾰족한 날이 나를 향하도록 한다.
- 손가락을 주의하며 사용한다.
- 가위 날의 방향이 몸의 바깥쪽을 향하도록 사용한다.
- 두꺼운 것을 자를 때는 어른에게 도움을 요청한다.
- 쓰고 제자리에 보관한다.

어린이 제품

- **어린이제품** 만 13세 이하의 어린이가 사용하거나 만 13세 이하의 어린이를 위하여 사용되는 물품 또는 그 부분품이나 부속품
- **어린이제품 공통안전기준** 어린이제품에서 공통으로 준수해야 하는 안전기준

「어린이제품 공통안전기준」 2. 용어의 정의

국가통합인증마크(KC)

「어린이제품 안전 특별법 시행규칙」 (약칭: 어린이제품법 시행규칙)
[별표 7] 안전인증표시의 기준과 방법 (제27조제1항 관련)
1. 표시기준
   가. 안전인증표시의 도안 모형

안전인증번호:

memo

제품안전 식품 안전

학습목표 건강한 식품과 많이 먹었을 때 좋지 않은 식품을 구별하고 식중독 예방법을 지키며 나의 건강한 식생활을 위해 노력할 수 있다.

누리과정 관련 요소

신체운동·건강	신체운동·건강	의사소통
건강하게 생활하기 몸에 좋은 음식에 관심을 가지고 바른 태도로 즐겁게 먹는다.	**건강하게 생활하기** 질병을 예방하는 방법을 알고 실천한다.	**듣기와 말하기** 자신의 경험, 느낌, 생각을 말한다.

학습주제	학습의 중점
1. 건강한 식품 구별하기	• 몸에 좋은 식품과 많이 먹었을 때 좋지 않은 식품을 구별한다. • 건강한 식품의 이로움을 알고 바른 식습관을 가진다.
2. 당류 줄이는 방법 알아보기	• 당류 과잉 섭취 시의 문제점을 안다. • 당류가 많은 식품과 적은 식품을 구분한다. • 당류를 줄이기 위해 일상생활 속에서 행동으로 실천한다.
3. 식중독 예방하기	• 식중독의 원인과 위험성을 알아본다. • 식중독 예방법을 실천한다.

[출처: 학교안전교육 7대 표준안 교육 자료집(교육부, 학교안전공제중앙회, 2023)]

어린이 기호식품 등의 영양성분 표시기준 및 방법

법령

• 「어린이 기호식품 등의 영양성분과 고카페인 함유 식품 표시기준 및 방법에 관한 규정」
[별표 1] **어린이 기호식품 등의 영양성분 표시기준 및 방법**(제3조 관련)
가. 다음의 식품을 조리·판매하는 식품접객업 영업자 중 「어린이 식생활안전관리 특별법 시행령」 제8조에 따른 영양성분 표시의 대상 영업자가 조리·판매하는 식품은 그 영양성분을 표시 하여야 한다.
　1) 제과·제빵류
　2) 아이스크림류
　3) 햄버거, 피자
　4) 그 밖에 영양성분 표시를 하려는 조리·판매 식품
2. 표시대상 영양성분
가. 다음의 영양성분을 표시하여야 한다.
　1) 열량
　2) 당류
　3) 단백질
　4) 포화지방
　5) 나트륨
　6) 그 밖에 강조표시를 하고자 하는 영양성분
• [별표 2] **어린이 기호식품의 영양성분 함량 색상·모양 표시 기준 및 방법**(제4조관련)
영양성분의 함량에 따른 모양 표시는 다음의 도안 중 한 개를 선택하여 표시하여야 한다.

도안 1

• 단, 영양성분의 함량 색상·모양을 제외한 손바닥 도안 및 문구는 생략이 가능하다.

도안 2

도안 3

식품구성자전거

© Copyright. The Korean Nutrition Society.

• 매일 먹어야 할 6가지 식품군으로 바퀴 안의 각 면적은 유아가 먹어야 하는 식품의 양을 나타낸다.
• 곡류는 면적이 크므로 많이 먹고, 당류는 제일 적게 먹는다
• 앞 바퀴의 물은 매일 충분히 마신다.

유치원 급식 안전

「집단급식소 급식안전관리 기준」
- **집단급식소**: 영리를 목적으로 하지 아니하면서 특정 다수인에게 계속하여 음식물을 공급하는 급식시설로서 **1회 50명 이상에게 식사를 제공하는 급식소**
- **급식안전관리**: 집단급식소 설치·운영자가 집단급식소에서 식재료의 검수·조리 및 배식·시설관리 등에서 급식안전관리를 위한 위생관리상의 활동
- 집단급식소의 위생관리 점검표와 식재료 검수일지는 3개월간 보관

「학교급식법」
- 학교급식 대상: 원아 수 100인 미만 사립유치원 제외
- 직영이 원칙이며 유치원 급식업무 위탁 시 운영위원회 심의(자문)필요

「어린이 식생활안전관리 특별법」
- 어린이급식관리지원센터 설치·운영: 어린이에게 단체급식을 제공하는 급식소에 대한 위생 및 영양관리를 지원하기 위함
- 100명 미만 어린이 급식소 어린이급식관리지원센터 등록 의무화

「학교급식법 시행령」
- 원아 수가 100명 이상인 사립 유치원에는영양교사의 자격을 갖춘 사람을 1명 이상 교사로 두어야 함
- 원아 수가 200명 미만인 유치원으로서 같은 교육지원청의 관할구역에 있는 유치원의 경우에는 2개의 유치원마다 공동으로 제1항에 따른 교사를 1명씩 둘 수 있음

「식품위생법」
- 식중독 발생 시 보관 또는 사용 중인 식품은 역학조사가 완료될 때까지 폐기하거나 소독 등으로 현장을 훼손하지 않고 원상태로 보존하여야 하며, 식중독 원인 규명을 위한 행위를 방해 안 할 것

식중독

유치원 대처방법

- **식중독 의심환자 발생 시 서면보고**: 유치원이나 어린이집에서 2인 이상의 사람에게 감염성 또는 독소형 질환(식중독, 바이러스성 장염)을 일으키면 기관은 반드시 지자체 및 관할 보건소에 알리고 즉각 대책을 마련해야 함

1. 유치원(급식시설)에서 제공한 식품 등으로 인하여 식중독 환자나 식중독 의심 증상자(동일 원인, 동일 증상 2명 이상) 발생하면, 인지 즉시 교육청 및 보건소에 유선보고 이후 서면으로 보고
2. 식중독이 발생한 경우 보관 또는 사용 중인 보존식이나 식재료를 역학조사가 완료될때까지 폐기하거나 소독 등으로 현장을 훼손하여서는 안 되며, 원인규명을 위한 행위를 방해하여서는 안 됨

- **연 1회 이상** 유치원·어린이집에 대한 전수점검 실시

식중독 예방법

- **식중독**: 식품 또는 물의 섭취로 발생하는 감염성 또는 독소형 질환으로 세균, 독소, 바이러스, 화학물질, 자연독 등에 의해 발생하는 질병
- **배식**: 배식용 보관 용기는 세척, 소독, 건조된 것을 사용하며 조리된 음식은 뚜껑 등을 덮어 교차 오염되지 않도록 관리
- **배식후 관리**: 배식대에서 배식하고 남은 음식물은 모두 폐기

식중독 예방의 3대 요령
① 손을 씻기   ② 익혀 먹기   ③ 끓여 먹기

- 음식을 먹기 전에는 비누를 사용하여 손을 깨끗이 씻는다.
- 친구가 사용한 컵, 수저를 사용하지 않는다.
- 화장실 물을 내릴 때 변기 뚜껑을 닫고 내린다.(병균이 퍼지지 않게 하기 위함)

보존식

- 조리·제공한 급식품의 **매회 1인분 분량을 섭씨 영하 18도 이하로 144시간 이상 보관**해야 한다.
- 식중독 발생 시 원인 규명 용도로 사용한다.
- 배식 직전 150g 이상, 조미김 등 가벼운 식품류는 전용 용기 가득 담아 보관한다.
- 메뉴와 일시 등을 기록한 후 용기에 부착한다.
- 보존실에는 보존실 기록지를 붙인다.(식단명, 날짜, 시간, 채취자 성명, 폐기 일시)
- 유아에게 제공된 모든 급식 품을 종류별로 최소 100g 이상 보관한다.(가공완제품 중 그대로 제공하는 급식 품은 포장을 뜯지 않은 원상태로)
- 완제품 형태로 제공한 가공식품은 유통기한 내에서 해당 식품의 제조업자가 정한 보관방법에 따라 보관이 가능하다.(단 보존식이라고 표시하여 별도 공간에 보관)
- 보존식을 용기에 담아 보관하면 용기는 소독이 용이해야 하고 각각의 음식물이 독립적으로 보존되어야 한다.
- 여러 끼니에서 제공하는 동일한 완제품(제품명, 제조원, 유통기한등)인 경우 제품 1개만 보존식으로 하는 것이 가능하다. (단, 동일 제품임을 증명할 수 있도록 기록관리 필요)

[출처: 건강·안전 관리길라잡이(배포용) (교육부, 2020)]

실험·실습 안전

실험 · 실습 안전

학습목표 여러 가지 도구의 위험성을 인지하고 바르게 사용하며 안전하게 놀이할 수 있다.

누리과정 관련 요소

신체운동 · 건강	의사소통	자연탐구
안전하게 생활하기 일상에서 안전하게 놀이하고 생활한다.	**듣기와 말하기** 자신의 경험, 느낌, 생각 을 말한다.	**생활 속에서 탐구하기** 도구와 기계에 관심을 가진다.

학습주제	학습의 중점
1. 안전한 놀잇감 사용 방법 알아보기	• 놀잇감을 사용할 때의 위험요소를 찾아본다. • 놀잇감을 안전하게 사용하는 습관을 기른다.
2. 안전한 요리활동 방법 알아보기	• 안전한 요리활동 방법을 알아본다.
3. 조형(목공)놀이 보호 장구 알아보기	• 조형(목공)놀이 보호 장구의 종류를 안다. • 조형(목공)놀이 보호 장구의 중요성에 대해 알아본다.

[출처: 학교안전교육 7대 표준안 교육 자료집(교육부, 학교안전공제중앙회, 2023)]

놀잇감

안전한 놀잇감 이용규칙

• 총 장난감에 총알을 넣지 않으며 친구에게 직접 쏘지 않는다.
• 유리나 플라스틱으로 만든 구슬은 안전하게 통에 보관한다. (깨지기 쉽고 바닥에 함부로 놓으면 밟고 미끄러질 수 있음)
• 칼 같은 뾰족한 장난감은 친구를 향해 휘두르지 않는다.
• 단추, 구슬 등 작은 놀잇감을 신체에 넣지 않는다.
• 놀잇감을 던지지 않는다.
• 훼손된 놀잇감은 수리 및 폐기 처리한다.
• 놀잇감을 입에 넣거나 빨지 않는다.
• 놀이 후 제자리에 정리한다. (무거운 놀잇감은 교구장 아래쪽에 정리한다.)

요리활동

활동 전에 확인하는 안전수칙

• 요리 전 책상을 깨끗이 닦는다.
• 요리에 알맞은 복장을 착용한다. (머리두건, 앞치마 등)
• 요리활동 전엔 비누로 손을 깨끗이 씻는다.
• 요리활동 도구에 따른 안전사고에 대해 이야기 나눈다.
• 불이나 뜨거운 것을 사용할 때 주의해야 할 점에 대해 이야기를 나눈다.
• 넘어짐 사고를 예방하기 위한 방법에 대해 이야기를 나눈다.

조형(목공)놀이

놀이 시 유의점

• 보호 장갑, 보안경 (자신의 신체에 적합한 장구를 착용)과 같이 안전사고를 예방하는 장구를 착용한다.
• 조형놀이에 맞는 보호장구를 착용한다. (망치와 톱 사용시 장갑과 보호경)
• 종이 도화지 가장자리에 베이거나 뾰족한 모서리에 눈을 다칠 수 있으니 주의해서 만진다.
• 물감과 크레파스, 접착제(풀, 본드)가 묻으면 씻어내고 묻은 손으로 입을 만지거나 손을 입에 넣지 않는다.
• 피부에 닿는 것만으로도 해로울 수 있으니 묻은 손으로 친구의 얼굴을 만지거나 접착제를 친구에게 부리지 않는다.
• 머리 높이 이상으로 공구를 들지 않는다.
• 물감이나 접착제를 함부로 맛보거나 냄새를 맡지 않는다.

memo

신체활동 안전 — 체육 및 여가활동 안전

학습목표: 안전한 체육활동을 위해 사고를 예방할 수 있는 방법을 스스로 찾아보고 실천한다.

누리과정 관련 요소

- **신체운동·건강** — 안전하게 생활하기: 일상에서 안전하게 놀이하고 생활한다.
- **신체운동·건강** — 신체활동 즐기기: 기초적인 이동운동, 제자리 운동, 도구를 이용한 운동을 한다.
- **자연탐구** — 자연과 더불어 살기: 주변의 동식물에 관심을 가진다.
- **의사소통** — 듣기와 말하기: 자신의 경험, 느낌, 생각을 말한다.

학습주제	학습의 중점
1. 준비운동의 필요성 알아보기	• 준비운동의 필요성을 알고, 스스로 수행하는 습관을 기른다. • 준비운동이 안전사고를 예방할 수 있다는 점을 알고, 적극적으로 참여해본다.
2. 신체활동 도구의 안전한 사용법 알아보기	• 신체활동 도구의 안전한 사용 방법을 알아본다. • 신체활동 도구의 종류와 안전한 사용 방법을 알고, 올바른 방법으로 놀이해본다.
3. 개물림 사고에 대한 안전수칙 알아보기	• 개의 일반적인 특성에 대해 알아본다. • 개물림 사고를 예방하기 위한 안전수칙을 알아본다.

[출처: 학교안전교육 7대 표준안 교육 자료집(교육부, 학교안전공제중앙회, 2023)]

준비운동

필요성
- 몸에 온도를 올려주어 부상을 예방한다.
- 본격적인 활동을 하기 전에 자신의 몸 상태를 점검할 수 있어 더 큰 부상을 예방한다.
- 체육활동이 끝난 후에도 마무리 운동으로 몸을 이완한다.

개물림 사고

사고예방
- 개와 고양이는 야성적 본능에 의해 사람을 물 수 있다는 것을 안다.
- 개와 똑바로 시선을 마주 보면 공격으로 받아들일 수 있다는 것을 안다.
- 개가 달려들 경우 고개를 숙여 손으로 귀와 목을 감싼다.
- 주인허락없이 개를 만지지 않는다.
- 음식을 먹고 있는 개는 자극하지 않는다.
- 동물을 만진 후에는 반드시 손을 씻는다.

사고 발생 시
- 상처 부위의 흐르는 물에 5분 정도 상처를 씻어 오염물과 세균을 제거한다.
- 항생제 연고를 바르고 깨끗한 밴드로 덮는다.
- 출혈이 있으면 깨끗한 천이나 붕대로 상처 부위를 압박하고 119에 구조요청을 한다.
- 감염병에 주의하고 감염 증상이 나타나면 119나 응급의료기관에 연락한다. → 공수병(광견병)과 파상풍

신체 활동도구

공놀이
- 공원, 강당 및 놀이터 등 안전한 장소에서 놀이한다.
- 공의 특성(탄성이 좋음)을 알고 유의해서 놀이한다.

줄넘기
- 줄넘기 줄을 이용해서 장난하지 않는다.
- 줄넘기 전, 주변에 충분한 공간이 있는지 확인한다.
- 줄넘기 줄이 나의 키와 맞는지 확인한다.

훌라후프
- 유아의 키에 알맞은 훌라후프 사이즈를 선택한다.
- 앞과 뒤에 부딪칠만한 물건이 없는지 확인한다.

신체활동 안전 — 놀이 활동 안전

학습목표 안전하게 놀이할 수 있는 장소를 알아보고, 놀이 공간에 있을 수 있는 위험요소를 예방하여 안전하게 놀이할 수 있다.

누리과정 관련 요소

신체운동·건강	신체운동·건강	사회관계
안전하게 생활하기 일상에서 안전하게 놀이하고 생활한다.	**안전하게 생활하기** 안전사고, 화재, 재난, 학대, 유괴 등에 대처하는 방법을 경험한다.	**더불어 생활하기** 약속과 규칙의 필요성을 알고 지킨다.

학습주제	학습의 중점
1. 실외 놀이터 안전하게 이용하기	• 실외놀이터의 위험요소가 무엇인지 예측해본다. • 실외놀이터의 위험요소를 대비할 수 있는 방법을 찾아본다.
2. 실내 놀이터(키즈카페 등) 안전하게 이용하기	• 실내놀이터의 위험요소가 무엇인지 예측해본다. • 실내놀이터의 위험요소를 대비할 수 있는 방법을 찾아본다.
3. 환풍구와 맨홀, 분수대 등 안전사고 예방하기	• 환풍구와 맨홀, 분수대에서 안전사고를 예방하기 위해 노력할 수 있다. • 환풍구와 맨홀, 분수대에서 안전하게 행동할 수 있는 방법을 알아본다.

[출처: 학교안전교육 7대 표준안 교육 자료집(교육부, 학교안전공제중앙회, 2023)]

어린이 놀이기구

「어린이놀이시설 안전관리법」(약칭: 어린이놀이시설법)
[시행 2021. 6. 23.] [법률 제17695호, 2020. 12. 22., 일부개정]
1. "어린이놀이기구"란 어린이가 놀이를 위하여 사용할 수 있도록 제조된 그네, 미끄럼틀, 공중놀이기구, 회전놀이기구 등으로서 「어린이제품 안전 특별법」 제2조제9호에 따른 안전인증대상어린이제품을 말한다.
2. "어린이놀이시설"이라 함은 어린이놀이기구가 설치된 실내 또는 실외의 놀이터로서 대통령령으로 정하는 것을 말한다.

「어린이제품안전관리제도 운용요령」 [시행 2021. 5. 10.]
[국가기술표준원고시 제2021-122호, 2021. 5. 10., 일부개정]
[별표 3] 안전인증대상 어린이제품의 적용범위
어린이 놀이기구란, '만 13세 이하 어린이가 놀이에 이용하는 것으로 신체 발달, 정서 함양에 도움을 줄 수 있는 기구 또는 그 조합물'을 말하며, 조합놀이대, 그네, 미끄럼틀, 공중 놀이기구, 회전 놀이기구(뺑뺑이, 회전목마 등), 흔들 놀이기구(시소 등), 스페이스 네트, 폐쇄형 놀이기구, 정글짐, 구름다리, 철봉, 평균대, 늑목(늑철), 늘임봉, 평행봉 등이 해당한다.

놀이터 사용 시 위험요소

• 복합놀이기구에 있는 계단에서, 올라가는 유아와 내려오는 유아가 서로 부딪치는 경우
• 미끄럼틀에서 내려가는 유아가 아직 미끄럼틀 아래쪽에 남아 있는 유아와 부딪치는 경우
• 그네에서 앞·뒤로 왔다 갔다 하는 것을 미처 보지 못하고, 그네에 부딪쳐서 다치는 경우
• 시소에 타고 있는 한 유아가 먼저 내릴 때, 시소에 남아 있는 유아가 시소의 반동으로 인해 크게 다치는 경우

어린이 놀이시설(놀이터) 이용수칙

• 미끄럼틀은 일어서거나, 거꾸로 타지 않고, 미끄럼판으로 내려올 때는 앞에 친구가 없는지 확인한다.
• 그네 안장에는 한 사람씩만 타고, 줄이 꼬이지 않도록 주의한다.
• 시소에서 내릴 때는 상대방 친구에게 "나 내려"라고 이야기하고 내린다.
• 놀이터에서 놀이할 때 헐렁한 복장은 입지 않고, 신발 바닥이 미끄럽지 않은 재질의 신발을 신는다.
• 끈이 길거나 놀이기구 틈에 끼일 수 있는 옷 입지 않는다.
• 트럼펄린 안에 사람이 너무 많으면 타지 않는다.
• 트럼펄린안에서 넘어졌을 때 바로 일어날 수 없다면 가장자리로 이동한다.
• 볼풀장 안으로 숨지 않는다.

환풍구

건물 안에 공기를 맑게 해주기 위해 뚫어놓은 시설
• 환풍구에 몸을 기대지 말고, 위로 올라가지도 않는다.
• 눈이나 비가 올 때 물이 넘치거나, 맨홀을 열어놓는 경우 몸이 빠질 수 있어서 위험하므로 피해서 다닌다.

맨홀

맨홀은 땅 밑에 있는 수도관이나 전기 등을 점검하거나 청소하기 위해 사람이 드나들 수 있도록 만든 구멍
• 환풍구와 맨홀 주위로는 다니지 않는다.
• 덮고 있는 철제가 매우 약하고, 미끄럽기 때문에 피해서 다닌다.

분수대

• 분수대 안에는 함부로 들어가지 않는다.
• 분수대 바닥이 미끄러우므로 조심한다.
• 분수대 물은 질병을 일으킬 수 있으니, 몸을 깨끗하게 씻는다.

기출문제

2002 기출 8) 유치원 놀이시설과 관련된 안전사고를 예방하기 위한 교사의 역할 3가지를 제시하고 '그네타기'와 관련하여 구체적인 실례를 각각 1가지씩 쓰시오.

신체활동 안전 계절 놀이 안전

학습목표 계절에 따른 날씨의 특성을 알아보고, 안전한 놀이를 위해 노력할 수 있다.

누리과정 관련 요소

- **신체운동·건강** — 안전하게 생활하기: 일상에서 안전하게 놀이하고 생활한다.
- **신체운동·건강** — 안전하게 생활하기: 안전사고, 화재, 재난, 학대, 유괴 등에 대처하는 방법을 경험한다.
- **의사소통** — 듣기와 말하기: 자신의 경험, 느낌, 생각을 말한다.

학습주제	학습의 중점
1. 봄·가을철 바깥놀이 안전 알아보기	• 봄·가을철 바깥놀이를 안전하게 하기 위한 행동을 알아본다. • 봄·가을철 바깥놀이를 안전하게 하기 위한 약속을 지킬 수 있다.
2. 여름철 바깥놀이 안전 알아보기	• 여름철 바깥놀이를 안전하게 하기 위한 행동을 알아본다. • 여름철 바깥놀이를 안전하게 하기 위한 약속을 지킬 수 있다.
3. 겨울철 바깥놀이 안전 알아보기	• 겨울철 바깥놀이를 안전하게 하기 위한 행동을 알아본다. • 겨울철 바깥놀이를 안전하게 하기 위한 약속을 지킬 수 있다.

[출처: 학교안전교육 7대 표준안 교육 자료집(교육부, 학교안전공제중앙회, 2023)]

봄·가을철 바깥놀이

- 미세먼지가 있는 날은 가급적 실내에서 놀이한다.
- 미세먼지가 있는 날 놀이를 하게 될 때는 반드시 마스크를 끼고, 긴 옷을 입는다.
- 놀이가 끝난 후에는 집에 와서 몸을 씻는다.
- 꽃가루 알레르기가 있는지 미리 가정에서 받은 유아의 건강상태를 참고하여 유아들에게도 알려준다.
- 실외나 산에서 놀이할 때에는 아무 곳이나 앉지 않고, 반드시 돗자리를 깔고, 긴 옷을 입어 진드기로부터 몸을 보호한다.

여름철 바깥놀이

- 여름철 온열질을 유의한다.

  - **열사병** – 고온의 환경 때문에 신체의 균형이 급격하게 무너지며 발생하는 질환
  - **일사병(열탈진)** – 무더위에 장시간 노출될 경우 체온이 급격히 올라가는 질환
  - **열경련** – 고온의 환경에서 과도한 신체활동을 통해 근육에 일시적으로 일어나는 경련
  - **열실신** – 갑자기 더위에 노출될 때 어지러움으로 인해 일시적으로 의식을 잃는 질환

- 가장 더운 낮 시간을 피해서 야외놀이한다.
- 땀 흡수가 잘되는 옷과 강한 햇볕을 피할 수 있는 모자를 착용하여 온열질환을 예방한다.
- 50분 놀이 후 10분 쉬는 시간을 가지고, 수분 섭취를 한다.

겨울철 바깥놀이

- 눈썰매 타기 전에는 반드시 준비운동을 한다.
- 안전사고를 예방하기 위해 보호 장구(안전모, 무릎보호대, 방수기능 옷) 착용한다.
- 눈썰매 끈은 반드시 두 손으로 잡고, 발은 밖을 향하게 해서 썰매가 뒤집히지 않도록 조심한다.
- 부모님과 함께 타서 안전사고를 예방한다.
- 젖은 옷은 바로 갈아입어 저체온증을 예방한다.
- 얼음낚시는 결빙상태 확인 후 구명조끼와 미끄럽지 않은 신발을 준비한다.
- 운동을 시작하고 3시간이 지났거나 피로감이 느껴진다면 즉시 휴식을 취한다.

memo

신체활동 안전 물놀이 안전

학습목표 안전한 물놀이를 위해 안전사고를 예방하고, 스스로 안전수칙을 지키기 위한 노력을 할 수 있다.

누리과정 관련 요소		
신체운동·건강	신체운동·건강	사회관계
안전하게 생활하기 안전사고, 화재, 재난, 학대, 유괴 등에 대처하는 방법을 경험한다.	**신체활동 즐기기** 실내·외 신체활동에 자발적으로 참여한다.	**더불어 생활하기** 약속과 규칙의 필요성을 알고 지킨다.

학습주제	학습의 중점
1. 실내 물놀이 안전수칙 알아보기	• 실내 물놀이 시 위험요소에 대해 알아본다. • 실내 물놀이를 안전하게 즐기기 위한 방법을 알아본다.
2. 실외 물놀이 안전수칙 알아보기	• 실외 물놀이 시 위험요소에 대해 알아본다. • 실외 물놀이를 안전하게 즐기기 위한 방법을 알아본다.
3. 물놀이 안전용품의 올바른 착용법 알아보기	• 물놀이 시 안전용품의 중요성을 알아본다. • 물놀이 안전용품을 바르게 착용할 수 있다.

[출처: 학교안전교육 7대 표준안 교육 자료집(교육부, 학교안전공제중앙회, 2023)]

물놀이

물놀이 시 준비사항

• 안전장구(구명조끼와 튜브, 물안경 등)를 착용한다.
• 수영장에 들어가기 전에 준비운동을 한다.
• 심장에서 먼 신체부위부터 물을 적시고 들어간다.
• 수영장 바닥은 미끄럽기 때문에 꼭 걸어서만 다닌다.
• 물놀이를 하면서 사탕이나 껌을 씹지 않는다.
• 어린이 전용 수영장(물 높이가 깊지 않은 곳)에서 놀이한다.
• 식사 1시간 후에 물에 들어간다.
• 30분 후에는 반드시 휴식을 취한다.

사고 발생 시

• 물에 빠졌을 때, 손을 물 위로 흔들어 구조 요청을 한다.
• 사고 발생 및 목격 시 큰소리로 구조요청, 119구조대로 신고를 한다.
• 튜브, 구명조끼를 던져주거나 옷을 이어 묶어 줄로 만들어 끝에 페트병이나 슬리퍼를 묶어서 던져준다.
• 구조한 뒤에는 젖은 옷을 벗기고 따뜻하게 감싸준다.
• 응급처치 후 발생한 사고에 대해서는 사고기록 및 사고를 보고한다.

실외수영

• 반드시 날씨 예보를 미리 확인한다.
• 계곡의 경우 수심, 물살, 지형을 파악한다.
• 기상이 악화되면 대피한다.
• 꼭 어른과 함께 물놀이하고, 구명조끼, 튜브 등 안전 장구를 착용한다.
• 바닷가의 경우 이미 너울성 파도 사고가 발생한 해안가는 출입하지 않는다.
• **너울성 파도 사고가 났을 때 대처법**: 몸에 힘을 빼고 물 위에 떠 있는 상태로(생존수영) 구조대원을 기다린다. 사고 난 것을 보았을 때, 즉시 119로 신고하거나 어른에게 도움을 요청한다. (* 너울성 파도: 직접적인 파도가 아닌 바람에 일어난 물결, 맑은날에도 일어날 수 있음)

물놀이 안전용품

구명조끼올바른 착용법

• 먼저 구명조끼 앞에 있는 지퍼/버클을 채운다.
• 조임줄을 당겨서 최대한 몸에 밀착시켜 입는다.
• 생명줄을 다리 사이로 넣어 구명조끼를 단단히 고정한다.

memo

신체활동 안전 — 등산 안전

학습목표: 등산 활동을 위한 준비사항을 알아보고 산에서 안전하게 활동할 수 있는 행동수칙에 대해 노력할 수 있다.

누리과정 관련 요소

- **신체운동·건강** — 안전하게 생활하기: 실내·외 신체활동에 자발적으로 참여한다.
- **의사소통** — 듣기와 말하기: 자신의 경험, 느낌, 생각을 말한다.
- **자연탐구** — 자연과 더불어 살기: 생명과 자연환경을 소중히 여긴다.

학습주제	학습의 중점
1. 안전하게 등산하기	• 안전한 등산을 위해하는 요인에 대해 알아본다. • 안전하게 등산할 수 있는 방법에 대해 알아본다.
2. 자연에서의 동·식물 안전 알아보기	• 자연에서의 동·식물 안전에 대해 알아본다. • 자연에서의 동·식물 안전에 대한 위험요소를 알고 적극적으로 대처할 수 있다.

[출처: 학교안전교육 7대 표준안 교육 자료집(교육부, 학교안전공제중앙회, 2023)]

안전한 등산

등산하기 전
- 등산하는 날짜, 장소의 날씨를 미리 확인한다.
- 등산에 알맞은 옷을 준비한다.
  1. 땀 흡수 잘 되는 옷
  2. 통풍과 보온이 잘되는 옷 (여름: 방수복, 겨울: 방한복)
  3. 바람막이 옷
- 등산할 장소에 날씨가 갑자기 변동되는것에 따라 옷을 준비한다.
- 랜턴, 비상약품 등 안전용품을 챙긴다.

등산 중
- 항상 부모님과 함께 다니며 안전한 등산로로 다닌다.
- 돌이 떨어질 수 있는 〈낙석주의〉 표지판이 있는 곳은 빨리 벗어난다.
- 응급상황에서는 119에 신고한다.

자연에서의 동식물 안전

예방수칙
- 긴소매 옷, 긴 바지를 입어 상처와 곤충으로부터 우리 몸 보호한다.
- 뱀을 만났다면 천천히 자리를 피한다.
- 몸에 모기나 해충 퇴치제를 뿌린다.
- 야생곤충을 손으로 직접 만지지 않는다.
- 숲에 있는 식물을 함부로 만지지 않는다.
- 식물에 의한 중독사고가 일어날 경우, 먹었을 것이라고 추정되는 식물을 가지고 병원에 즉시 간다.
- 진드기 안전사고를 대비하여 아무데나 앉지 않고, 등산 활동 후에 옷이나 몸을 반드시 털어준다.
- 등산 후 집에 가서 몸을 씻는다.

벌
- 벌이 다가왔을 때 그대로 가만히 있거나 몸을 조금씩, 서서히 움직여 다른 곳으로 피한다.
- 야외에서는 벌이 날아들기 쉬운 단 음식이나 음료는 되도록 먹지 않는다.
- 벌쏘임을 예방하기 위해 밝은 색의 긴 옷과 모자 착용한다.
- 벌집은 건드리지 않는다.
  *실수로 벌집을 건드렸을 때 벌집에서 20미터 이상 멀리 도망친다.
- 만약 벌에 쏘였다면 먼저 119에 신고하고 신용카드 등으로 피부를 긁어내듯 벌침을 제거하며, 깨끗한 물로 씻고 얼음주머니로 차갑게 한다.

2013기출 A-8-3) 벌이 나타났을 때, 벌을 만지면 안 된다는 것 외에 교사가 벌의 특성을 고려하여 유아들에게 가르쳐야 할 교육내용 1가지를 쓰시오.

신체활동 안전 탈것 안전(PM)

학습목표 자전거, 킥보드, 인라인스케이트 등 바퀴달린 이동수단을 이용할 때 위험 요소를 예측해보고, 안전하게 이용하려는 노력을 할 수 있다.

누리과정 관련 요소

신체운동·건강	신체운동·건강	자연탐구
신체활동 즐기기 실내외 신체활동에 자발적으로 참여한다.	**안전하게 생활하기** 교통안전 규칙을 지킨다.	**생활 속에서 탐구하기** 도구와 기계에 관심을 가진다.

학습주제	학습의 중점
1. 자전거, 킥보드, 인라인스게이트 등의 안전수칙 알아보기	• 바퀴달린 이동수단의 특징과 위험요소에 관심을 가지고 알아본다. • 자전거, 킥보드, 인라인스케이트의 안전수칙을 알아보고 스스로 지킨다.
2. 안전 장비의 중요성 알아보기	• 바퀴달린 이동수단을 이용할 때 안전장구의 중요성을 알아본다. • 바퀴달린 이동수단을 이용할 때 안전장구를 바르게 착용하는 습관을 가진다.
3. 개인형 이동장치의 위험요소 알아보기	• 개인형 이동장치에 대해 알아본다. • 개인형 이동장치의 위험요소를 인식한다.

[출처: 학교안전교육 7대 표준안 교육 자료집(교육부, 학교안전공제중앙회, 2023)]

바퀴달린 이동수단

위험성이 큰 놀이기구
1. 킥보드
2. 롤러스케이트
3. 인라인스케이트
4. 스케이트보드

> 「도로교통법 시행규칙」 제13조(어린이의 보호)

• 브레이크 작동을 확인한다.
• 헬멧, 무릎보호대, 팔꿈치보호대, 손목보호대 등 보호장구를 착용한다.
• 차도나 사람의 통행이 잦은 장소에서는 타지 않는다.
• 주차되어 있는 자동차 주변에서는 타지 않는다.
• 횡단보도와 비탈길에서는 내려서 끌고 건넌다.
• 탄 채로 엘리베이터에 타지 않는다.

자전거

• 자전거와 관련된 교통표지판의 의미를 알고 자전거를 탈 수 있는 공간에서만 탄다.
• 자전거 끼임 사고(운전자의 옷이나 신발끈/ 뒤아탄 어린이의 발)를 주의한다.

> 1. 바퀴나 체인에 끼일 우려가 있는 통이 넓은 하의는 입지 않는다.
> 2. 가급적 끈 없는 신발을 신고 신발끈이 있는 경우 풀리지 않도록 짧게 맨다.
> 3. 유아를 뒤에 태울 경우 발판이 있는 유아전용 안장을 설치한다.

• 헬멧(안전모), 장갑, 팔꿈치와 무릎보호대를 착용한다.
• 횡단보도와 비탈길, 엘리베이터에서는 내려서 끌고 간다.

개인형 이동장치(PM Personal Mobility)

• **정의**: 전기로 갈 수 있는 1인형 이동수단

> 1. 전동킥보드
> 2. 전동이륜평행차
> 3. 전동기의 동력만으로 움직일 수 있는 자전거
> 「도로교통법 시행규칙」 제2조의3 (개인형 이동장치의 기준)

• **이용자**: 만16세 이상, 원동기 면허 취득자
  * 13세 미만 어린이는 이용금지
• **타는 장소**: 자전거 도로, 차로 가장자리에서 운행(보도주행금지)

유아의 발달 수준을 고려한 이동수단의 위험요소

• 키가 작고 움직임이 민첩하지 못하기 때문에 개인형 이동장치의 빠른 속도로 인해 부딪힘 사고가 발생할 수 있다.
• 유아에게는 개인형 이동장치에 대한 사용수칙보다 개인형 이동장치에 따른 안전사고를 예방하고, 위험가능성을 예측할 수 있도록 지도하는 것이 더 중요하다.

2014기출 A-8-3) 자전거 안전규칙에 비추어 적절하지 않은 행동 1가지 찾아 바르게 고쳐 쓰시오.

신체활동 안전 — 현장체험학습 안전

학습목표: 야외에서 안전하게 활동을 하기 위한 안전수칙을 이해하고, 노력할 수 있다.

누리과정 관련 요소

- **신체운동·건강** — 안전하게 생활하기: 일상에서 안전하게 놀이하고 생활한다.
- **의사소통** — 듣기와 말하기: 자신의 경험, 느낌, 생각을 말한다.
- **자연탐구** — 자연과 더불어 살기: 주변의 동식물에 관심을 가진다.

학습주제	학습의 중점
1. 현장체험학습 안전하게 다녀오기	• 현장체험학습을 안전하게 다녀오기 위한 안전수칙에 대해 알아본다. • 현장체험학습 활동 전·중·후에서 생길 수 있는 안전사고에 대해 적극적으로 예방할 수 있도록 노력한다.
2. 안전한 캠핑활동 하기	• 캠핑활동에서 생길 수 있는 위험요소에 대해 관심을 가지고 알아본다. • 안전한 캠핑을 위해 할 수 있는 것에 대해 무엇이 있는지 알아본다.

[출처: 학교안전교육 7대 표준안 교육 자료집(교육부, 학교안전공제중앙회, 2023)]

현장 체험학습

사전계획

① **계획단계의 안전사고 예방대책**
- 기본계획 수립 시 안전사고 예방대책을 마련한다.
- 사전 현장답사(안전 장비의 비치 여부, 안전요원 배치 여부 확인)한다.
- 현장 체험 실시계획서에 반드시 안전사고 예방 교육 반영한다.
- 적합한 복장을 하도록 학부모와 유아에게 알리고 지도한다.

② **단체차량 이용 전 사고 예방대책**
- 계약체결 시 차량 안전 관련 사항 명시한다.
- 운행차량·운전자 적격 여부 확인 및 차량 점검한다.
- 학생 수송 버스 운전자 음주 측정 및 호송 요청 등 교통안전 대책을 마련한다.

③ **단체차량 이용 당일 안전 확보**
- 출발 전 이동 시간 및 경유지·목적지를 안내한다.
- 운행 전·후 또는 운행 중 운전자 음주 여부 확인한다.

④ **현장 안전 지도**
- 프로그램 운영 전 과정에서 안전 지도를 최우선 과제로 선정한다.
- **인솔교사**: 관련 각종 시설물에 대한 사전점검 철저, 각종 안전 장비의 비치 여부, 유아의 건강 상태(체온 측정) 확인, 안전요원 배치 여부 등 반드시 확인한다.
- **인솔책임자**: 교육활동 총괄, 인솔·지도 교사와 긴밀한 연락체계 유지, 유사시 필요한 구급약품을 준비, 현장체험학습 차량보호 표지 제작·부착한다.

사고 발생 시

- 사고 발생 시 교사는 침착하게 행동하고 최대한 신속하게 대처한다.
- 119 응급구조를 요청하여 병원으로 신속하게 이송한다. → **반드시 인솔교사가 함께 가기**
- 교통사고 시 외상이 없는 유아들은 병원에서 안정 치료를 하도록 조치, 보호자의 허락하에 치료 상담으로 추후 관리한다.
- 위탁교육을 실시할 때도 인솔 교사는 현장에서 교육 내용, 안전 문제, 학생호응도 등을 관찰하고 안전사고 등 돌발상황에 적절하게 대응한다.
- 위탁교육 중 인솔 지도 교사, 교육현장을 무단으로 이탈하지 않는다.

캠핑활동

준비사항

- 소독약, 파스, 해열제, 진통제 연고 등 비상약을 미리 준비한다.
- 캠핑 장소에 대해 부모님과 충분히 이야기 나누고 안전약속 미리 정하고 출발한다.

텐트설치 주의사항
- 침수위험이 있는 낮은 지대는 피한다.
- 절벽 아래에는 텐트를 설치하지 않는다.
- 텐트 줄에 야광 테이프 및 손수건을 걸어놓는다.
- 진입로에 방해물을 두지 않고 대피로를 파악한다.

안전수칙

- 어른들이 텐트를 설치할 때는 안전거리 유지를 위해 거리를 두고 조금 떨어져서 기다린다.
- 텐트 줄이나 팩에 걸려 넘어지지 않도록 야광 테이프를 묶어주고 주변에 유리 조각이나 날카로운 물건 등이 없는지 확인한다.
- 캠핑장에 설치된 트램펄린과 같은 놀이기구는 다치지 않게 안전하게 탄다.

유괴·미아사고 예방   유괴·미아사고 예방

학습목표 유괴, 미아 상황이 생길 수 있음을 이해하고 안전하게 대처하는 방법에 대해 알아본다.

누리과정 관련 요소

신체운동·건강	신체운동·건강	사회관계
안전하게 생활하기 안전사고, 화재, 재난, 학대, 유괴 등에 대처하는 방법을 경험한다.	**안전하게 생활하기** 일상에서 안전하게 놀이하고 생활한다.	**듣기와 말하기** 상황에 적절한 단어를 사용하여 말한다.

학습주제	학습의 중점
1. 유괴·미아 상황 이해하기	• 유괴, 미아 상황이 생길 수 있음을 이해한다. • 유괴, 미아 상황에 대해 알아본다.
2. 유괴·미아 상황에서의 대처 방법 알아보기	• 유괴, 미아 상황에 처했을 때 대처하는 방법을 알아본다. • 유괴, 미아 상황 시 도움을 요청하는 방법을 배운다.
3. 아동안전지킴이에 대해 알아보기	• 우리 동네 근처의 아동안전지킴이가 있음을 안다. • 아동안전지킴이의 역할에 대해 알아본다.

[출처: 학교안전교육 7대 표준안 교육 자료집(교육부, 학교안전공제중앙회, 2023)]

실종 유괴 예방

- **유괴**: 다른 사람을 속여 유인하는 것, 제3자의 실력적 지배하에 두어 그 자유를 침해하는 일
- **실종아동**: 납치, 유인 또는 유기사고를 당하거나 가출, 길을 잃는 등의 사유로 인하여 보호자로부터 이탈된 아동(실종 당시 18세 미만)
- **실종아동의 유형**: 미아(공공장소 등에서 아동이 길을 잃을 경우), 유괴(금전, 성적 만족, 양육 등의 목적으로 강제로 데려가는 경우), 가출아동(스스로 집을 나간 경우, 사고(사고로 인해 행방을 알 수 없는 경우), 유기 (보호자가 아동을 버린 경우)

유괴 예방

유괴 상황 대처방법

억지로 데려가려는 것을 예방하기 위해 유아는 몸을 그 자리에서 엎드려서 3가지 구호를 외친다.
- **1단계 안돼요!**
  허락받지 않고는 갈 수 없어요
- **2단계 싫어요!**
  따라가지 않을 거예요
- **3단계 도와주세요!**
  억지로 끌고 가려고 하거나 위험한 상황이라고 느껴질 때

> 유괴 상황이라는 것은 다양한 상황이 있을 수 있기 때문에 지나치게 3가지 구호만을 강조하지 않도록 한다. 아이의 도움이 필요한 어른은 없고, 부모님의 허락 없이는 누구에게도 따라가지 않아야 한다는 것을 지도하여 주는 것이 필요하다.

실종·유괴 예방 방지 교육내용

- **길을 잃을 수 있는 상황 이해**: 부모와 헤어졌을 때는 돌아다니지 않고 제자리에 멈춰 서 있기
- **미아 및 유괴 발생 시 대처 방법**: 도움이 필요할 때 부모님 또는 '긴급 전화 112'에 전화하기
- **유괴범에 대한 개념**: 외모로 판단해서는 안 된다는 점을 강조하기

> 유아들의 발달특성상, 성인의 깊은 내면이나 의도를 파악하기 힘들기 때문에 겉모습을 보고 판단하는 경우가 많으므로 유아들에게 반드시 〈사람은 겉모습만 보고 착한 마음을 가진 사람과 나쁜 마음을 가진 사람을 알 수는 없다〉고 지도할 필요가 있다.

- **유인·유괴 행동에 대한 이해 및 유괴 예방법**: 낯선 사람과 아는 사람을 구별하지 말고, 무조건 보호자에게 먼저 허락받는 습관을 갖도록 하기

실종 예방과 대처

미아방지 3단계

- **1단계 멈추기**
  가족이 나를 찾기 위해 길이 엇갈릴 수도 있으니 길을 잃은 그 자리에서 서서 기다리기
- **2단계 생각하기**
  가족의 이름과 전화번호를 반복해서 생각해보기
- **3단계 도와주세요.**
  부모님이 오지 않을 시 112로 전화, 경찰 혹은 주위 사람에게 도움 요청하기

실종아동 발견 시 대처 방법

1. 아동의 불안한 마음 상태를 이해하고 달래준다.
2. 경찰청 실종아동 찾기센터(☎ 국번 없이 182)로 신고한다.
3. 아동이 진정되면 이름과 사는 곳, 전화번호 등을 물어본다.
4. 아동이 있는 장소에 그대로 서서 일단은 아이의 부모를 기다린다.
5. 아동의 의복이나 신발, 소지품 등을 확인해본다. (아이의 이름이나 집 전화번호 등을 보이지 않는 곳에 새겨두었는지 찾을 것)
6. 아동을 실종아동 보호센터나 경찰서, 파출소 등에 인계하는 경우 아동을 발견한 이의 이름, 연락처와 주소 등은 남겨둔다.

실종아동 예방을 위한 **지문사전등록제**

- 경찰청장은 보호자가 신청하는 경우 실종 아동등의조기발견을 위해 지문, 얼굴 등에 관한 정보를 정보 시스템에 등록하고 아동등의 보호자에게 사전신고증을 발급
- 사전등록시스템 구축·운영
  (「실종아동등의 보호 및 지원에 관한 법률(실종아동법) 제7조의2 실종아동등의 조기발견을 위한 사전신고증 발급 등)
- 경찰청장은 실종아동의 지문 등 정보 등록 동의서에 아동 또는 법정대리인의 동의를 받아 **사전등록시스템에 등록**
  (「실종아동등의 발견 및 유전자검사 등에 관한 규칙」 제5조제1항 및 제2항).

※ **지문 등 정보의 범위**(「실종아동등의 발견 및 유전자검사 등에 관한 규칙」 제3조제1항)
- 아동의 지문 및 얼굴 사진 정보
- 아동의 성명, 성별, 주민등록번호, 주소, 연락처 등 인적사항
- 아동의 키, 체중, 체격, 얼굴형, 머리색, 흉터, 점 또는 문신, 병력(病歷) 등 신체특징
- 보호자의 성명, 주민등록번호, 주소, 연락처, 아동과의 관계 등 인적사항

유괴 예방

유괴발생 예방을 위한 조치

- 아동보호구역의 지정 및 CCTV의 설치: 범죄의 예방을 위한 순찰 및 아동지도 업무 등 필요한 조치
- 유괴죄(약취·유인죄)에 대한 처벌규정 강화: 미성년자를 약취 또는 유인한 사람은 10년 이하의 징역에 처한다.(「형법」제287조).

유괴 예방 교육시 고려할 점

- 유괴범들의 접근 방식에 대해 상황(다양한 유인 수법)을 직접 재연하여 역할 놀이를 통한 반복교육을 한다.
- 유괴범들은 험상궂게 생기거나 나쁘게 행동하기보다는 오히려 친절하게 접근한다는 점을 강조하여 유아들이 가지고 있는 낯선사람에 대해 제한된 생각을 하지 않도록 한다.

유인 수법 유형

- **권위 유인**: 유아의 부모와 친분 있는 사람으로 속이며 유인
- **미끼 유인**: 사탕, 장난감, 선물 등으로 유인
- **도움 유인**: 유아에게 도움의 손이 필요한 것처럼 속여 유인
- **대화 유인**: 이름을 부르며 거짓으로 친밀감과 안전감을 나타내며 유인

실종 예방과 대처

실종아동을 위한 코드아담제도

대규모점포, 유원시설, 철도역사, 터미널, 미술관, 공연장, 축자장소등의 시설·장소의 소유자·점유자 또는 관리자는 실종아동 등이 신고되는 경우 실종아동등 조기발견 지침에 따라 즉시 경보발령, 수색, 출입구 감시 등의 조치를 하여야 한다.
(「실종아동등의 보호 및 지원에 관한 법률(실종아동법)」 제9조의3 실종아동등 조기발견 지침 등)

실종아동 정보공개 엠버경보

표시·설치 기간이 30일 이내인 비영리 목적의 광고물(안전사고 예방, 교통 안내, 긴급사고 안내, 미아 찾기, 교통사고 목격자 찾기 등을 위하여 표시·설치하는 경우)은 허가·신고에 관한 금지·제한을 적용하지 않는다.
(「옥외광고물 등의 관리와 옥외광고산업 진흥에 관한 법률」(옥외광고물법) 제8조 적용 배제)

아동안전지킴이집

학교나 유치원 주변의 문구점, 편의점, 약국과 같은 장소를 아동안전지킴이집으로 지정하여 위험에 처한 아동을 임시보호하고 경찰에 인계하는 장소

아동안전지킴이 표지물

안전지킴이집 벽부착형표지물

아동수호천사: 신뢰성 있는 업체의 외근사원을 수호천사로 위촉하여 외근활동중 아동보호활동을 하며, 현재 야쿠르트, 집배원, 태권도 사범등이 활동 중이다.

2020기출 A-4-1) 일상에서 발생할 수 있는 안전사고 예방을 위한 안전교육인 생활안전교육을 쓰고 교육내용 중 2가지를 쓰시오.

2. 교통안전교육

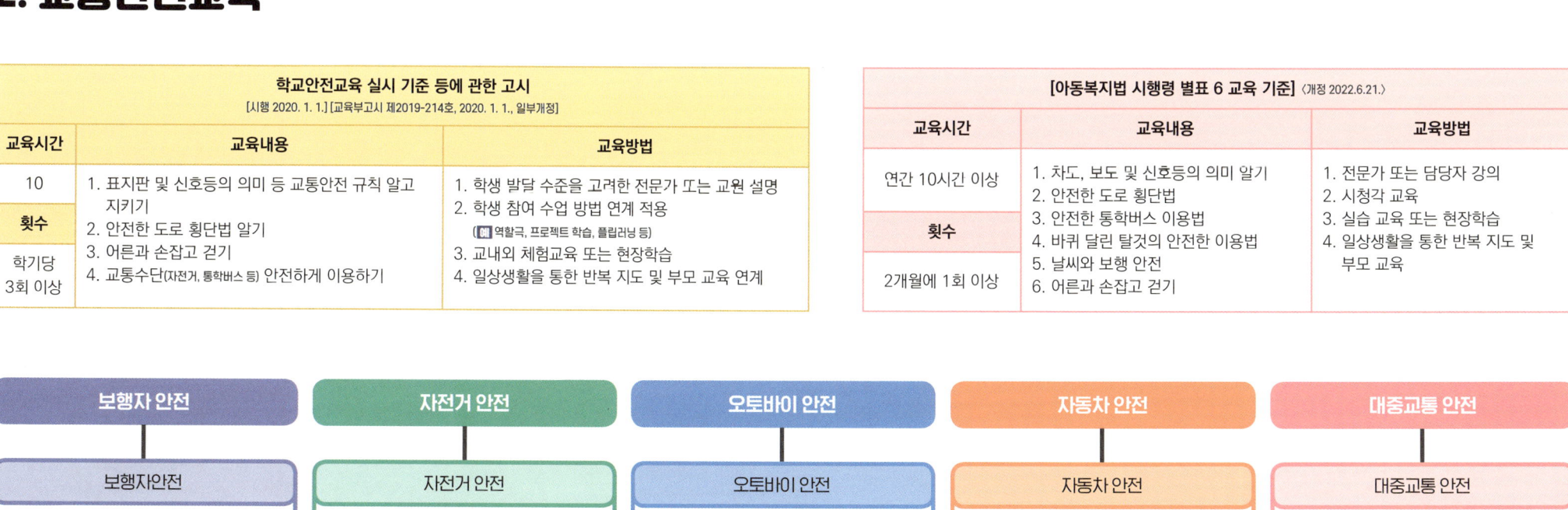

학교안전교육 실시 기준 등에 관한 고시 [시행 2020. 1. 1.] [교육부고시 제2019-214호, 2020. 1. 1., 일부개정]		
교육시간	교육내용	교육방법
10	1. 표지판 및 신호등의 의미 등 교통안전 규칙 알고 지키기 2. 안전한 도로 횡단법 알기 3. 어른과 손잡고 걷기 4. 교통수단(자전거, 통학버스 등) 안전하게 이용하기	1. 학생 발달 수준을 고려한 전문가 또는 교원 설명 2. 학생 참여 수업 방법 연계 적용 (예 역할극, 프로젝트 학습, 플립러닝 등) 3. 교내외 체험교육 또는 현장학습 4. 일상생활을 통한 반복 지도 및 부모 교육 연계
횟수		
학기당 3회 이상		

[아동복지법 시행령 별표 6 교육 기준] 〈개정 2022.6.21.〉		
교육시간	교육내용	교육방법
연간 10시간 이상	1. 차도, 보도 및 신호등의 의미 알기 2. 안전한 도로 횡단법 3. 안전한 통학버스 이용법 4. 바퀴 달린 탈것의 안전한 이용법 5. 날씨와 보행 안전 6. 어른과 손잡고 걷기	1. 전문가 또는 담당자 강의 2. 시청각 교육 3. 실습 교육 또는 현장학습 4. 일상생활을 통한 반복 지도 및 부모 교육
횟수		
2개월에 1회 이상		

보행자 안전

보행자안전
- 교통표지판 알아보기
- 횡단보도 안전하게 이용하기
- 안전한 보행 방법 알아보기

자전거 안전

자전거 안전
- 자전거에 대해 알아보기
- 안전하게 자전거 타는 방법 알아보기
- 안전한 장소에서 자전거 타기

오토바이 안전

오토바이 안전
- 오토바이 특징 알아보기
- 오토바이 사고의 예방법 알아보기

자동차 안전

자동차 안전
- 자동차 보호장구의 중요성 알아보기
- 사각지대에 대해 알아보기
- 어린이 통학버스 안전하게 이용하기

대중교통 안전

대중교통 안전
- 대중교통 이용수칙 알아보기
- 버스, 택시의 탑승 안전 알아보기
- 지하철, 기차의 탑승 안전 알아보기
- 비행기, 선박의 탑승 안전 알아보기

[출처: 학교안전교육 7대 표준안 교육 자료집(교육부, 학교안전공제중앙회, 2023)]

개념

- **교통사고**: 차의 교통으로 인하여 사람을 사상하거나 물건을 망가뜨린 것
- **유아 교통안전교육**: 교통질서와 교통법규를 잘 지켜 사고를 미리 방지하기 위한 교육(안전을 위협하는 환경적 요소로부터 영유아의 안전한 생활의 유지 및 확보를 목적으로 하는 교육)

필요성

- 영유아 스스로 자신을 보호하는 능력과 태도를 기를 수 있도록 체계적이며, 지속적인 교통안전교육이 필요함
- 영유아의 발달적 특성으로 인해 교통사고 위험 노출될 가능성이 큼

목표

- 안전하게 보행하는 방법을 안다.
- 도로 횡단 시 지켜야 할 규칙을 이해한다.
- 다양한 교통기관을 안전하게 이용하는 방법을 알고 지킨다.
- 교통표지판의 의미를 이해하고, 이를 준수하는 태도를 기른다.

교통안전 계획시 고려사항

- 발달 수준과 성별, 개인차를 고려해야 한다.
- 교통안전교육은 체계적이고 지속해서 계획해야 한다.
- 영유아와 부모, 교사 등 영유아의 교육에 참여하고 있는 성인과 함께 이루어져야 한다.
- 영유아가 실제 경험할 수 있는 사례를 통해 지도한다.
- 실제적인 목표와 행동 훈련을 구체적이고 집중적으로 이루어져야 한다.
- 성인이 되었을 때도 교통안전의 사회적 책임을 다할 수 있도록 장기적 목표를 세워야 한다.

	영유아 교통 행동 특성	발달적 특성에 따른 위험
충동성	자신의 감정을 억제하거나 참아내는 능력이 약해 충동성이 강하게 나타난다.	자신의 감정에만 집중해 자동차의 접근을 알아채지 못하는 경우가 있음
회귀성 본능	구석진 곳, 보이지 않는 곳에 숨기를 좋아한다.	서 있는 차의 옆이나 뒤에서 놀다가 후진이나 출발할 때 교통사고가 자주 발생함
모방성	위험에 대해 이해하지 못한체, 어른의 행동을 따라 한다.	어른들의 횡단 물결에 휩싸여 신호를 보지 않고 횡단하기도 함
자기 중심성	자신의 관점과 남의 관점을 구별하지 못하여, 자기 처지에서만 사물을 보기 때문에 사람이나 운전자가 어떻게 생각할 것인가를 상상하기 어렵다.	손만 들면 차가 서줄 것으로 생각하며, 신호가 바뀌려고 깜박이고 있는데도 앞 사람만 보고 손들고 그대로 건너기도 함
직관적 사고	눈에 보이지 않는 것은 없다고 생각하며, 구체적인 물체를 보고서야 상황을 판단한다.	다가오는 차량이 보이지 않을 때 차가 없는 것처럼 생각하고 건너는 경우가 있음

2015기출 A-6-3) 안전한 행동에 대해 잘못 이해하고 있는 유아를 찾아 안전한 행동으로 고쳐 쓰시오.
답안 - 횡단보도를 건너려고 할 때 차가 정차되어 있을 때는 재빨리 건너는 것이 아니라 정지된 차량의 운전자와 눈을 마주친 상태에서 차를 계속 보며 건넌다.
- 멈춰 서있는 자동차 아래로 공이 굴러 들어갔을 때는 절대로 자동차 아래로 들어가서는 안 된다.

memo

보행자 안전

학습목표	교통안전 규칙을 알고 실천하여 보행 시 안전하게 생활습관을 기를 수 있다.

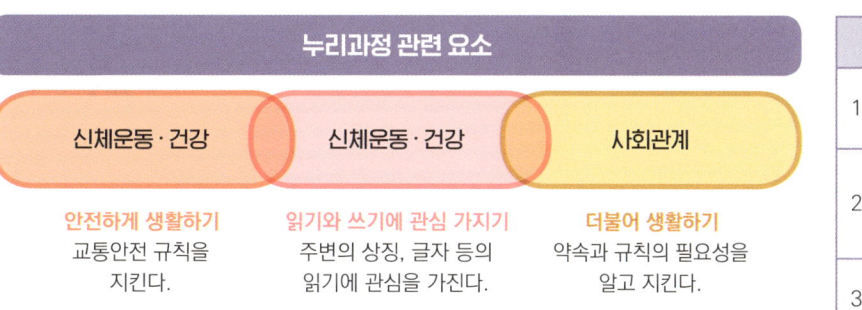

누리과정 관련 요소

신체운동·건강 / 신체운동·건강 / 사회관계

안전하게 생활하기	읽기와 쓰기에 관심 가지기	더불어 생활하기
교통안전 규칙을 지킨다.	주변의 상징, 글자 등의 읽기에 관심을 가진다.	약속과 규칙의 필요성을 알고 지킨다.

학습주제	학습의 중점
1. 교통표지판 알아보기	• 교통안전 표지판의 종류와 의미를 안다. • 주변에서 볼 수 있는 교통안전 표지판의 의미를 알고 지킬 수 있다.
2. 횡단보도 안전하게 이용하기	• 신호등의 의미를 알고 안전하게 건널 수 있다. • 횡단보도 보행 5원칙을 알고 안전하게 건너는 방법을 실천할 수 있다. • 신호등 유무에 따라 올바른 보행 방법을 알 수 있다.
3. 안전한 보행 방법 알아보기	• 날씨에 따라 교통사고를 예방하기 위해 안전하게 길을 걷는 여러 가지 방법을 생각해본다. • 안전하게 길 걷기를 실천한다.

[출처: 학교안전교육 7대 표준안 교육 자료집(교육부, 학교안전공제중앙회, 2023)]

교통안전표지 〈2022. 12. 기준〉

주의 표지

도로 상태가 위험하거나 도로 또는 그 부근에 위험물이 있는 경우에 필요한 안전조치를 할 수 있도록 도로 사용자에게 알리는 표지 ⇨ 노랑 바탕에 빨간색 테두리(그림으로만 제시)(42개)	+자형교차로	T자형교차로	Y자형교차로	ㅏ자형교차로	ㅓ자형교차로	우선도로	우합류도로	좌합류도로	회전형교차로	철길건널목	노면전차	우로굽은도로	좌로굽은도로	우좌로이중굽은도로
	좌우로이중굽은도로	2방향통행	오르막경사	내리막경사	도로폭이 좁아짐	우측차로없어짐	좌측차로없어짐	우측방통행	양측방통행	중앙분리대시작	중앙분리대끝남	신 호 기	미끄러운도로	강변도로
	노면고르지못함	과속방지턱	낙석도로	횡단보도	어린이보호	자 전 거	도로공사중	비 행 기	횡 풍	터 널	교 량	야생동물보호	위 험	상습정체구간

횡단보도

횡단보도 건너기 5원칙

① **우선 멈춘다** 길을 건널 때는 우선 멈추고 교통상황을 확인한다.
② **좌우를 본다** – 도로 좌측과 우측을 보고 차가 완전히 멈춘 것을 확인한다.
③ **손을 든다** – 내가 건널 것임을 운전자에게 알리고 준비할 시간을 준다.
④ **운전자를 본다** – 운전자와 눈을 마주치며 차가 멈춰 있는 것을 다시 확인한다.
⑤ **건넌다** – 손을 들고 운전자나 차를 보면서 안전하게 횡단한다.

횡단보도가 없는 도로

유아행동특성 ▶
• 어른에 비해 위험대처능력이 부족하지만 무단횡단을 하는 어른을 그대로 모방하는 경향이 있다.
• 자동차가 멀리 있다고 생각하고, 빨리 뛰면 건널 수 있다고 생각하는 경향이 있다.
(유아의 교통사고 대부분은 무단횡단 사고이다.)

• 뛰지 말고 주위를 살피고 건넌다.
• 건넌다는 표시(손을 들어)로 운전자에게 알린다.
• 가능한 횡단보도, 육교, 지하도 등 안전한 곳에서 길을 건넌다.

신호등이 없는 횡단보도

유아행동특성 ▶
• 항상 운전자가 자신을 보면 모든 차가 정지하여 줄 것으로 기대한다.
• 눈을 통해서 확인된 위험만이 도로에 존재하는 모든 위험이라 생각한다.
• 횡단보도가 자신을 안전하게 보호하고 지켜줄 수 있는 안전한 공간이라 생각한다.
• 횡단보도에 먼저 진입하면 통행우선권이 자동차보다 자신에게 있는 것으로 믿는다.
• 자신을 향해 달려오는 자동차보다 자신이 훨씬 빠르다고 판단하고 자동차 앞으로 뛰어가는 경향이 있다.

• 서두르지 말고, 운전자가 볼 수 있는 곳에서 손을 들고 건넌다.
• 길을 건널 때는 성인의 손을 잡고 '횡단 5원칙에 따라 건넌다.

신호등이 있는 횡단보도

• 반드시 녹색 신호에 건너가도록 한다.
• 녹색신호가 켜지자마자 뛰어 들어가지 않도록 하고 차가 멈추었는지 확인한다.
• 횡단보도를 벗어나 건너지 않도록 하고 반드시 횡단보도 우측으로 건너도록 한다.
• 횡단보도를 건너는 자전거나 오토바이를 주의한다.
• 녹색신호가 깜빡일 때 무리하게 뛰어 건너지 않도록 한다.
• 횡단보도를 건너다 돌아온 방향으로 갑자기 몸을 돌려 뛰지 않도록 한다.
• 횡단보도를 건너다 되돌아 올 때는 차가 멈추어 있는지 확인한다.
• 횡단보도에서는 친구들과 장난치거나, 휴대폰을 사용하며 혹은 게임기로 게임을 하며 건너지 않도록 한다.

어린이보호구역

• 교통사고의 위험으로부터 어린이를 보호하기 위하여 어린이가 이용하는 시설이나 장소의 주변도로 가운데 일정 구간을 자동차등과 노면전차의 통행속도를 시속 30킬로미터 이내로 제한하는 구역
• 어린이보호구역 내에 과속단속카메라, 과속방지턱, 신호등 설치를 의무화 「도로교통법」 제12조
• 운전자가 어린이 보호구역에서 어린이의 안전에 유의하면서 운전하여야 할 의무를 위반하여 어린이(13세 미만)가 사망이나 상해를 입었을 경우 가중처벌「특정범죄 가중처벌 등에 관한 법률」5조의13

어린이보호구역에서의 4대 안전 수칙

① 30km 이하 서행
② 어린이보호구역 내 주정차 금지
③ 횡단보도 앞에서 반드시 일시 정지
④ 급제동, 급출발하지 않기: 버스 정류장 근처에서 모여 있거나 놀고 있는 아이들을 주의 깊게 살필 것

2019 기출 A-5-1) 어린이 교통안전 시설과 관련하여 다음의 교통안전표지의 이름을 쓰시오.
답안 - 어린이보호구역
- 보행자 전용도로

memo

보행자 안전 수칙

보행시 안전 수칙

① 무단횡단은 절대 하지 않는다.
② 녹색 신호에 차가 멈춘 후 횡단보도로 건넌다.
③ 녹색 신호가 깜박일 때 건너가지 않는다.
④ 횡단보도를 건널 때 휴대전화를 보지 않는다.

안전한 길 걷기

① 길을 갈 때는 주변을 확인하면서 걷는다.
② 보도가 있는 곳에서는 반드시 보도로 걷고, 없을 때는 도로의 좌측 가장자리로 걷는다.
③ 길모퉁이, 좁은 길에서 큰길로 나갈 때는 반드시 멈춰 서서 좌우를 확인한다.
④ 좁은 도로에서는 자동차에 더욱 주의하고 차도에는 갑자기 뛰어들지 않는다.

비오는 날

① 밝은색(노란색) 옷을 입는다.
② 반드시 가방은 어깨에 매도록 하며 야광가방을 매도록 한다.
③ 우산은 눈보다 높이 들어서 시야를 가리지 않도록 한다.(투명 우산 사용)
④ 평상시보다 횡단 보도에서 1~2보 정도 뒤로 물러나 있는다.

눈 내리는 날

① 양손을 주머니에 넣지 않고 걷는다.
② 눈으로 인해 차도가 미끄럽다는 것을 인지하고 운행 중인 차량 주의한다.
③ 하얀색 옷은 피하고 밝은색(노란색) 옷을 입는다.
④ 미끄럼방지 기능이 있는 신발을 신는다.
⑤ 털모자, 털목도리는 몸을 따뜻하게 해 줄 뿐 아니라 혹시 미끄러워 넘어질 경우 완충역할을 할 수 있다.

도로이용 방법

- 차도와 보도가 구분되는 도로에서는 우측통행한다: 차도에서 멀어져서 보행하기
- 차도와 보도가 구분되지 않는 도로에서는 좌측통행한다: 마주 오는 차량을 볼 수 있도록 보행하기

육교와 지하도

① 계단에서는 주머니에 손을 넣고 걷지 않는다.
② 계단에서는 뛰거나 장난치지 않는다.
③ 계단 주변에서 놀지 않는다.
④ 난간(손잡이)를 잡고 한칸씩 천천히 이동한다.
⑤ 자전거, 롤러 스케이트 등 바퀴 달린 제품을 계단 주위에서 사용하지 않도록 한다.

자전거 안전

학습목표	자전거를 안전하게 이용하는 데 필요한 지식과 방법을 알아보고 습관화할 수 있도록 실천해 본다.

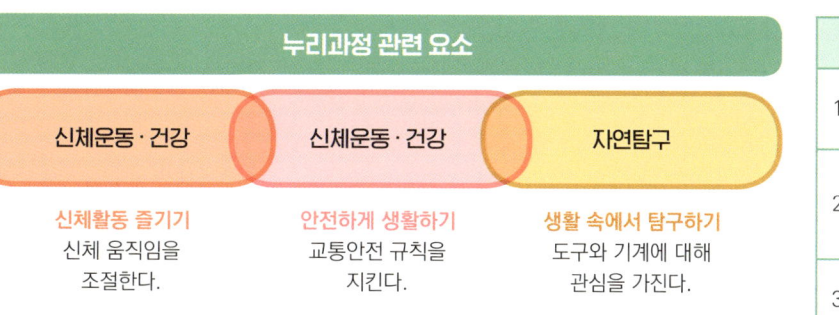

누리과정 관련 요소

신체운동·건강 — 신체활동 즐기기 / 신체 움직임을 조절한다.

신체운동·건강 — 안전하게 생활하기 / 교통안전 규칙을 지킨다.

자연탐구 — 생활 속에서 탐구하기 / 도구와 기계에 대해 관심을 가진다.

학습주제	학습의 중점
1. 자전거에 대해 알아보기	• 자전거의 생김새와 역할을 알아본다. • 자전거를 안전하게 타기 위한 보호 장비와 복장이 있음을 안다.
2. 안전하게 자전거 타는 방법 알아보기	• 안전하게 자전거 타는 방법을 알 수 있다. • 안전하게 자전거 타는 방법을 몸으로 익힐 수 있도록 '어린이 자전거 면허증' 놀이를 실시한다.
3. 안전한 장소에서 자전거 타기	• 자전거를 타기에 안전한 장소를 찾아본다. • '안전하게 자전거 타기' 캠페인을 실시한다.

[출처: 학교안전교육 7대 표준안 교육 자료집(교육부, 학교안전공제중앙회, 2023)]

자전거 안전수칙

주행전

• 보호장구(안전모, 팔꿈치 보호대, 무릎보호대, 보호장갑)를 착용한다.
• 눈에 뜨일 수 있도록 밝은색, 안전한 복장 착용한다
  🚲 바퀴에 끼일 정도로 긴 치마, 목도리, 신발 끈 금지
• 안장에 앉았을 때 두발이 바닥에 닿음을 확인한다.
• 모든 장치(핸들, 브레이크, 경음기, 바퀴, 체인, 안장, 전조등) 점검한다.

안전모 올바르게 쓰는 방법
• 안전모와 눈썹 사이는 손가락 두 개가 들어갈 정도로 남긴다.
• 귀 쪽의 끈은 손가락으로 V자를 만들어 귀에 댔을 때 손가락과 끈이 포개지도록 한다.
• 턱과 안전모 끈의 간격은 손가락 한 개가 들어가도록 한다.

주행시

• 바른 자세로 자전거를 탄다.

• 출발할 때는 안장에 앉아 한쪽 다리로 땅을 딛고 허리는 똑바로 편다.
• 페달을 저을 때는 발 앞부분과 무릎이 일직선상에 있어야 한다.

• 자전거를 탈 수 있는 안전한 장소를 선택한다.

자전거 전용 도로, 공원, 놀이터, 평평한 길

• 두 손으로 핸들을 잡고, 보행자의 통행을 방해하지 않는 속도와 방법으로 진행한다.
• 신호등과 교통안전표지를 지키며 주행한다.
• 횡단보도를 건널 때에는 자전거에서 내려 걷는다.
• 앞에 사람 또는 자동차가 있으면 지나갈 때까지 멈춘다.

수신호

• 왼쪽 손을 들어 출발한다는 사실을 알린다.
• 다른 사람에게 내가 가고자 하는 방향을 알린다.
  * 자전거를 탈 때나 움직이기 전에 신호를 보낸다.

왼쪽으로 가기   오른쪽으로 가기

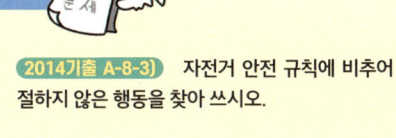

2014기출 A-8-3) 자전거 안전 규칙에 비추어 적절하지 않은 행동을 찾아 쓰시오.

memo

오토바이 안전

학습목표: 오토바이 특성과 사고의 위험성을 인식하고 오토바이 사고로부터 자신을 보호할 수 있다.

누리과정 관련 요소

- **신체운동·건강** — 안전하게 생활하기: 일상에서 안전하게 놀이하고 생활한다.
- **신체운동·건강** — 안전하게 생활하기: 교통안전 규칙을 지킨다.
- **사회관계** — 더불어 생활하기: 약속과 규칙의 필요성을 알고 지킨다.

학습주제	학습의 중점
1. 오토바이 특징 알아보기	• 오토바이의 구조를 이해한다. • 오토바이를 자동차, 자전거와 비교하며 특성을 인식한다.
2. 오토바이 사고의 예방법 알아보기	• 오토바이 사고가 발생하기 쉬운 상황과 위험성을 인식한다. • 오토바이를 마주할 때 대처하는 방법을 구체적으로 알아본다.

[출처: 학교안전교육 7대 표준안 교육 자료집(교육부, 학교안전공제중앙회, 2023)]

오토바이 사고 원인

- 오토바이가 차와 사람 사이를 가로지르며 빠르게 주행할 때
- 오토바이가 골목길을 빠르게 주행할때
- 오토바이가 인도에서 주행할 때
- 길을 건너거나 버스에서 내릴 때

오토바이 사고 예방법

- 골목길이나 인도를 보행할 때 주위를 잘 살피며 걷는다.
- 버스를 이용할 때에는 어른 먼저 내린 후 내린다.
- 버스에서 내가 먼저 버스에서 내릴 때에는 좌, 우를 잘 확인하고 내린다.
- 길에서 오토바이를 마주했을 때는 움직이지 말고 가만히 서서 오토바이가 지나가기를 기다리거나 벽 쪽에 몸을 붙여서 피한다.

memo

자동차 안전

학습목표 자동차 보호 장구의 중요성과 사각지대의 위험성을 인식하고 자동차를 안전하게 이용할 수 있다.

누리과정 관련 요소

신체운동 · 건강
안전하게 생활하기
일상에서 안전하게
놀이하고 생활한다.

신체운동 · 건강
안전하게 생활하기
교통안전 규칙을
지킨다.

사회관계
더불어 생활하기
약속과 규칙의 필요성을
알고 지킨다.

학습주제	학습의 중점
1. 자동차 보호장구의 중요성 알아보기	• 자동차 보호 장구의 중요성을 인식한다. • 자동차 어린이 보호 장구를 바르게 착용하는 방법을 알고 실천한다.
2. 사각지대에 대해 알아보기	• 사각지대의 위험성을 알아본다. • 자동차 놀이를 통해 사각지대를 직접 체험해본다.
3. 어린이 통학버스 안전하게 이용하기	• 어린이 통학버스 보호 장구의 바른 착용법을 안다. • 어린이 통학버스 사고(갇힘 사고) 대처 요령을 실천해본다.

[출처: 학교안전교육 7대 표준안 교육 자료집(교육부, 학교안전공제중앙회, 2023)]

자동차 보호장구

자동차의 운전자는 자동차를 운전할 때는 좌석 안전띠를 매어야 하며, 모든 좌석의 동승자에게도 좌석 안전띠(영유아인 경우에는 유아보호용 장구를 장착한 후의 좌석 안전띠)를 매도록 한다.
*6세 미만의 유아는 유아보호용 장구(카시트)를 착용
「도로교통법」 제50조

착용법

• 몸에 맞는 어린이용 보호 장구(안전띠, 카시트)를 착용한다.
• 안전띠가 꼬이거나 비틀어져 있지 않은지 확인한다.
• 허리띠는 골반에, 어깨띠는 어깨 가운데에 맞춰서 착용한다.
• 어린이 보호장구(카시트) 위치: 자동차 뒷좌석 오른쪽

사각지대

• 운전석에서 자동차의 몸체에 가려져 안 보이는 부분
• 자동차가 클수록 사각지대가 더 넓어짐
  * 승용차의 측면 사각지대는 약 5~30도
  * 2.5톤 화물자동차의 경우 전방 사각지대 1m(신장 1m내외의 어린이기준)
  * 좌우측 사각지내는 약 30~40도로 승용자동차보다 사각지대가 넓음

승용자동차 사각지대

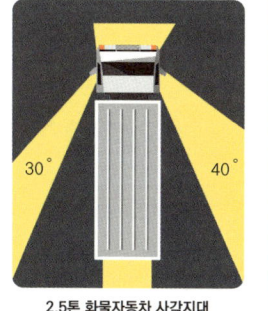
2.5톤 화물자동차 사각지대

memo

어린이통학버스

어린이통학버스: 어린이(13세 미만)를 여객대상으로 하여 운행되는 운송사업용 자동차

「도로교통법」 제2조23호

신고

「도로교통법」 제52조1~2항
- 교육시설의 운영자가 관할 경찰서에 신고

「도로교통법 시행규칙」 제35조
- "어린이통학버스신고서"를 어린이 통학 등에 이용하는 시설의 소재지를 관할하는 경찰서장에게 제출
- 관할경찰서장은 기준에 적합하면 "어린이통학버스 신고증명서"를 교부하고 교부받은 어린이통학버스 신고증명서는 그 자동차의 앞면 창유리 우측상단의 보기 쉬운 곳에 부착

「도로교통법」 제52조3항, 시행령 제31조
- 승차정원 9인승 이상의 자동차 (어린이 1명= 승차정원 1명)

「자동차 및 자동차부품의 성능과 기준에 관한 규칙」
- 안전장치: 9인승 이상의 자동차(제2조,32호), 황색도색·보호표지·정지표시장치(19조), 좌석안전띠(27조), 승강구/보조발판 (29조), 앞뒤상단 표시등(48조), 광각실외 후 사경(50조), 후방카메라 후방경고음 설치(제53조의2), 좌측 옆면에 정지표시장치 부착(제19조 제10항), 하차확인장치 설치(제53조의4)

「교통안전법」 제55조1항
- 어린이통학버스에 운행기록장치 장착의무

안전의무

운영자
- 보호자 탑승의무 (교육시설의 종사자)
- 보호자 동승을 표시하는 표지 부착 (보호자동승표지)

운전자
- 어린이 승·하차시 점멸등 작동
- 출발·도착시 안전한 승·하차 확인
- 운행종료 후 어린이 하차확인 의무

- 운영자·운전자·동승보호자 교통안전교육
  (신규교육은 운영·운전·동승 전, 정기교육은 매 2년마다) 이수

  1. **신규 안전교육**: 어린이통학버스를 운영하려는 사람과 운전하려는 사람 및 동승하려는 보호자를 대상으로 그 운영, 운전 또는 동승을 하기 전에 실시하는 교육
  2. **정기 안전교육**: 어린이통학버스를 계속하여 운영하는 사람과 운전하는 사람 및 동승한 보호자를 대상으로 2년마다 정기적으로 실시하는 교육

  「도로교통법」 제53조의3

- 교육기관:도로교통공단, 시설관 주무 기관의 장
- 교육 이수자 교육확인증 발급, 시설·자동차 내 비치

  1. 운영자 교육확인증: 어린이교육시설등 내부의 잘 보이는 곳
  2. 운전자 및 동승보호자 교육확인증: 어린이통학버스의 내부

  「도로교통법 시행령」 제32조의2

- 어린이통학버스정보시스템: 학교안전공제회 중앙회가 운영하는 온라인 시스템. 모든 어린이 통학 차량의 기본 정보뿐 아니라 운영자 및 운전자 교육 수료 여부, 법적 안전장치 구비 여부, 어린이통학버스 보험가입 여부, 안전기준 적합 여부 등의 정보를 제공

특별보호

- 어린이통학버스가 도로에 정차하여 어린이나 영유아가 타고 내리는 중임을 표시하는 점멸등 등의 장치를 작동 중일 때에는 어린이통학버스가 정차한 차로와 그 차로의 바로 옆 차로로 통행하는 차의 운전자는 어린이통학버스에 이르기 전에 일시정지하여 안전을 확인한 후 서행해야함
- 중앙선이 설치되지 아니한 도로와 편도 1차로인 도로에서는 반대방향에서 진행하는 차의 운전자도 어린이통학버스에 이르기 전에 일시정지하여 안전을 확인한 후 서행해야함
- 모든 차의 운전자는 어린이나 영유아를 태우고 있다는 표시를 한 상태로 도로를 통행하는 어린이통학버스를 앞지르지 못함

「도로교통법 시행령」 제51조

승차 시

운전자 역할

- 어린이가 무단횡단하지 않도록 주의를 준다.
- 통학버스 승차 시에는 한 줄로 서서 안전하게 타도록 유도한다.
- 어린이 승차 후에는 안전을 확인 후 출발한다.

동승보호자(인솔교사) 역할

- 통학버스 주변에서 뛰지 않도록 한다.
- 줄을 서서 차례대로 승차하고 좌석에 안전하게 앉도록 유도한다.
- 안전띠 착용하는 것을 도와주고 확인 후 운전자에게 출발하도록 알린다.

운행중

운전자 역할

- 안전띠를 맸는지 확인하고 안전거리를 유지한다.
- 통학버스 안에서는 정숙한 분위기를 유지시킨다.
- 통학버스 안에 어린이를 혼자 두지 않도록 한다.
- 운행 종료 후에는 차 안에 어린이가 있는지 제일 뒷자리 바닥까지 반드시 확인하고 하차 확인 장치를 눌러 작동을 종료한다.

동승보호자(인솔교사) 역할

- 반드시 안전띠를 착용하도록 한다.
- 창 밖으로 얼굴, 손, 물건 등을 내밀거나 장난을 치지 않도록 한다.
- 잠깐이라도 자리를 비울 때는 어린이 혼자 통학버스에 있지 않도록 한다.
- 운행이 끝난 후에는 차 안 맨 뒷좌석까지 꼭 확인한다.

하차 시

운전자 역할

- 통학버스에서 하차 시에는 안전을 확인한 후 차 문을 연다.
- 하차 시에는 반드시 동승보호자의 도움을 받으며 내리게 한다.
- 하차 후 출발 전에는 버스 주위를 확인 후 출발한다.

동승보호자(인솔교사) 역할

- 차가 완전히 정차한 후 하차시킨다.
- 차 문이 열린 후 오토바이나 자전거가 오는지 뒤쪽을 살핀다.
- 동승보호자가 먼저 내려 안전하게 하차시키고 부모에게 인계한다.
- 어린이가 보도나 길 가장자리 구역 등 안전한 장소에 도착한 것을 반드시 확인하여 운전자에게 알리고 서서히 출발한다.

버스 갇힘 사고 발생 시 대처 요령

- 밖에 있는 사람들이 들을 수 있도록 버스 운전석에 있는 안전벨트를 풀고 클랙슨(썬)을 울려 도움을 요청한다. (어른이 올 때까지 클랙슨(썬)을 울린다.)
- 안전벨트 해제 방법: 버클의 버튼을 눌러 안전벨트를 빼낸다.
- 클랙슨(썬)을 울리는 방법:
  ① 손으로 세게 누른다.
  ② 버스 운전석에 앉아서 손으로 의자 양쪽 손잡이를 잡고 양발로 클랙슨(썬)을 힘껏 민다.
  ③ 운전석 등받이 부분을 바라보고 엉덩이로 클랙슨(썬)을 누른다.

대중교통안전

학습목표: 대중교통에 대해 알아보고 이용 시 지켜야 할 안전수칙에 대해 알고 지킨다.

누리과정 관련 요소

- **신체운동·건강** — 안전하게 생활하기: 교통안전 규칙을 지킨다.
- **신체운동·건강** — 안전하게 생활하기: 안전사고, 화재, 재난, 학대, 유괴 등에 대처하는 방법을 경험한다.
- **사회관계** — 더불어 생활하기: 약속과 규칙의 필요성을 알고 지킨다.

학습주제	학습의 중점
1. 대중교통 이용수칙 알아보기	• 대중교통의 의미를 이해하고 다양한 종류를 알아본다. • 대중교통 이용 시 안전하게 이용하는 방법을 알아본다.
2. 버스, 택시의 탑승 안전 알아보기	• 버스와 택시의 탑승 방법을 알아본다. • 버스와 택시를 안전하게 이용하는 방법을 안다.
3. 지하철, 기차의 탑승 안전 알아보기	• 지하철, 기차의 탑승 방법을 알아본다. • 지하철, 기차를 안전하게 이용하는 방법을 안다.
4. 비행기, 선박의 탑승 안전 알아보기	• 비행기, 선박의 탑승 방법을 알아본다. • 비행기, 선박을 안전하게 이용하는 방법을 안다.

[출처: 학교안전교육 7대 표준안 교육 자료집(교육부, 학교안전공제중앙회, 2023)]

대중교통 이용수칙

버스, 택시
- 차례차례 줄을 서서 타고 내린다.
- 버스를 탈 때는 완전히 멈춘 후 탄다.
- 창문 밖으로 손이나 얼굴 내밀지 않는다.
- 버스 안에서는 손잡이를 꼭 잡는다.
- 버스에서 내릴 때는 양쪽 옆을 보고 안전하게 내린다.
- 택시 안에서는 안전벨트를 꼭 맨다.

지하철, 기차
- 노란 안전선 안쪽에서 기다린다.
- 지하철이나 기차에서 사람들이 내린 후 탄다.
- 열차와 승강장 사이의 공간에 발이 빠지지 않도록 잘 보면서 타고 내린다.

비행기
- 승무원의 안내에 따라 차례대로 탑승한다.
- 지정된 좌석에 앉은 후 안전벨트를 바르게 착용한다.
- 이·착륙시 반드시 안전벨트를 맨다.
- 비상상황일 경우에는 승무원의 지시에 따라 행동한다.

배
- 배 위에서는 천천히 걸어 다닌다.
- 난간에 기대지 말고, 부모님과 함께 다닌다.
- 승무원의 안내사항을 잘 따르고 비상구 및 구명장비 위치 기억해둔다.

memo

3. 폭력예방 및 신변보호교육

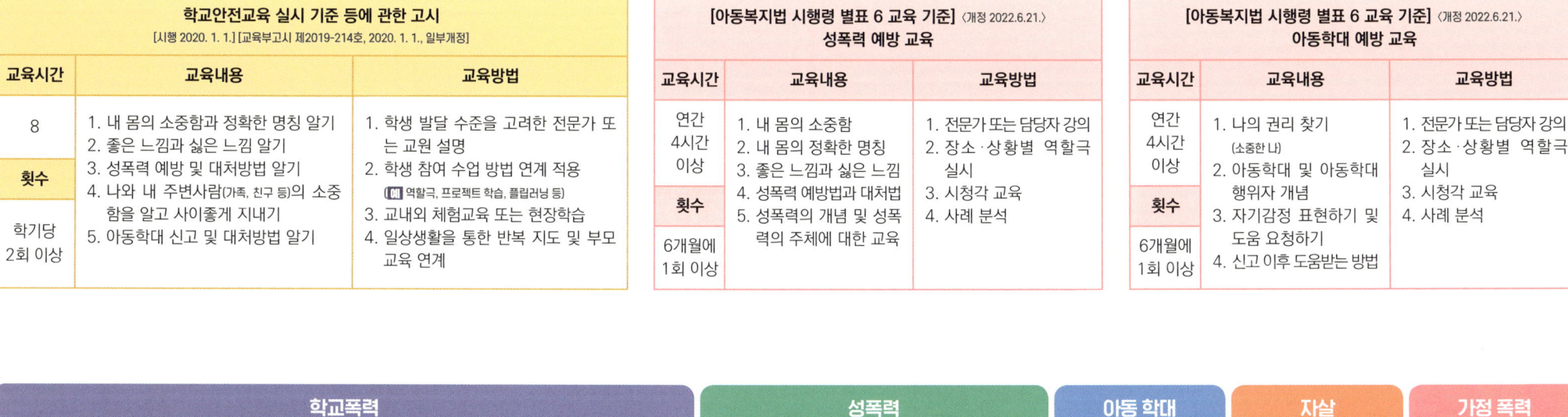

학교안전교육 실시 기준 등에 관한 고시
[시행 2020. 1. 1.] [교육부고시 제2019-214호, 2020. 1. 1., 일부개정]

교육시간	교육내용	교육방법
8	1. 내 몸의 소중함과 정확한 명칭 알기 2. 좋은 느낌과 싫은 느낌 알기 3. 성폭력 예방 및 대처방법 알기 4. 나와 내 주변사람(가족, 친구 등)의 소중함을 알고 사이좋게 지내기 5. 아동학대 신고 및 대처방법 알기	1. 학생 발달 수준을 고려한 전문가 또는 교원 설명 2. 학생 참여 수업 방법 연계 적용 📺 역할극, 프로젝트 학습, 플립러닝 등) 3. 교내외 체험교육 또는 현장학습 4. 일상생활을 통한 반복 지도 및 부모 교육 연계
횟수 학기당 2회 이상		

[아동복지법 시행령 별표 6 교육 기준] 〈개정 2022.6.21.〉
성폭력 예방 교육

교육시간	교육내용	교육방법
연간 4시간 이상	1. 내 몸의 소중함 2. 내 몸의 정확한 명칭 3. 좋은 느낌과 싫은 느낌 4. 성폭력 예방법과 대처법 5. 성폭력의 개념 및 성폭력의 주체에 대한 교육	1. 전문가 또는 담당자 강의 2. 장소·상황별 역할극 실시 3. 시청각 교육 4. 사례 분석
횟수 6개월에 1회 이상		

[아동복지법 시행령 별표 6 교육 기준] 〈개정 2022.6.21.〉
아동학대 예방 교육

교육시간	교육내용	교육방법
연간 4시간 이상	1. 나의 권리 찾기 (소중한 나) 2. 아동학대 및 아동학대 행위자 개념 3. 자기감정 표현하기 및 도움 요청하기 4. 신고 이후 도움받는 방법	1. 전문가 또는 담당자 강의 2. 장소·상황별 역할극 실시 3. 시청각 교육 4. 사례 분석
횟수 6개월에 1회 이상		

학교폭력

학교폭력
- 친구와 사이좋게 지내기
- 학교폭력 이해하기

언어/사이버 폭력
- 언어폭력 이해하기
- 사이버폭력 이해하기
- 개인정보의 소중함 알아보기

물리적 폭력
- 신체폭력 이해하기
- 신체폭력 대응 방법 알아보기
- 친구와의 갈등 해결 방법 알아보기

집단 따돌림
- 집단 따돌림 이해하기
- 집단 따돌림 시 대응 방법 알아보기

성폭력

성폭력 예방 및 대처 방법
- 좋은 느낌과 나쁜 느낌 구분하기
- 동의와 거절 표현하기
- 성폭력 상황 및 예방법 알아보기

성매매 예방
- 나의 몸 소중히 여기기
- 나의 감정 알고 조절하기
- 나의 출생과정 알아보기

아동 학대

아동 학대
- 아동 4대 권리 알아보기
- 아동학대 의미와 사례 알아보기
- 아동학대 대처 방법 알아보기

자살

자살
- 생명을 소중히 여기기
- 스트레스 대처 및 해소 방법 알아보기

가정 폭력

가정 폭력
- 가족의 소중함 알아보기
- 가정폭력의 의미 알아 보기

[출처: 학교안전교육 7대 표준안 교육 자료집(교육부, 학교안전공제중앙회, 2023)]

2021 기출 A-05-2) 학교안전교육실시 기준 등에 관한 고시에서 '아동학대 신고 및 대처 방법 알기'에 해당하는 안전교육의 명칭을 쓰시오.

학교폭력

학교폭력

학습목표: 일상생활 속에서 폭력의 의미를 이해하고 친구와 사이좋게 지내는 방법을 알아본다.

누리과정 관련 요소

- **사회관계 - 나를 알고 존중하기**: 나의 감정을 알고 상황에 맞게 표현한다.
- **사회관계 - 더불어 생활하기**: 친구와의 갈등을 긍정적인 방법으로 해결한다.
- **자연탐구 - 자연과 더불어 살기**: 생명과 자연환경을 소중히 여긴다.

학습주제	학습의 중점
1. 친구와 사이좋게 지내기	• 친구와 사이좋게 지내는 방법을 알아본다. • 혼자보다 친구와 함께하는 놀이가 즐겁다는 것을 경험해 본다.
2. 학교폭력 이해하기	• 나의 행동이 친구의 몸과 마음을 아프게 할 수 있다는 것을 이해한다. • 친구의 행동이 나를 불편하게 할 때 적절하게 대처하는 방법을 알 수 있다.

[출처: 학교안전교육 7대 표준안 교육 자료집(교육부, 학교안전공제중앙회, 2023)]

관련 법

「학교폭력예방 및 대책에 관한 법률(학교폭력예방법)」 제2조(정의) 1. "학교폭력"이란 학교 내외에서 학생을 대상으로 발생한 상해, 폭행, 감금, 협박, 약취·유인, 명예훼손·모욕, 공갈, 강요·강제적인 심부름 및 성폭력, 따돌림, 사이버 따돌림, 정보통신망을 이용한 음란·폭력 정보 등에 의하여 신체·정신 또는 재산상의 피해를 수반하는 행위를 말한다.

1의2. "따돌림"이란 학교 내외에서 2명 이상의 학생들이 특정인이나 특정집단의 학생들을 대상으로 지속적이거나 반복적으로 신체적 또는 심리적 공격을 가하여 상대방이 고통을 느끼도록 하는 모든 행위를 말한다.

1의3. "사이버 따돌림"이란 인터넷, 휴대전화 등 정보통신기기를 이용하여 학생들이 특정 학생들을 대상으로 지속적, 반복적으로 심리적 공격을 가하거나, 특정 학생과 관련된 개인정보 또는 허위사실을 유포하여 상대방이 고통을 느끼도록 하는 모든 행위를 말한다.

학교폭력의 유형

신체폭력
신체를 손, 발로 때리는 등 아프게 하는 행동 ↔ 장난이라고 하며 내 뺨을 때리거나 귀를 잡아당기고, 머리를 때리는 등의 몸을 아프게 한다.

언어폭력
여러 사람 앞에서 기분나쁜 말을 하는 행동 ↔ 키가 작다. 뚱뚱하다 등 상처가 되는 말을 하고 놀린다.

금품 갈취
돌려줄 생각 없으면서 상대방 물건을 뺏는 행동 ↔ 돈이나 물건을 억지로 빌리거나 망가뜨린다.

강요
하기 싫은 행동을 강요하는 것 ↔ 쉬는 시간마다 매점에 가서 빵이나 과자를 사달라고 한다.

따돌림
다른 친구들과 놀지 못하게 하는 말과 행동 ↔ 나 혹은 다른 친구에게 "쟤랑 놀지 말자"라고 말하며 따돌리는 분위기를 만든다.

성폭력
싫다고 해도 친구가 나의 몸을 만지는 행동 ↔ 내가 싫다고 하는데도 친구가 자꾸만 몸을 만지려고 한다

사이버폭력
사이버모욕, 사이버명예훼손, 사이버 성희롱, 사이버스토킹, 사이버 음란물 유통, 대화명 테러, 인증놀이, 게임강요 등 정보통신기기를 이용하여 괴롭히는 행위 ↔ 메신저 단체 채팅 혹은 쪽지 등으로 욕을 하며, 핸드폰으로 기분 나쁜 말이나 사진을 보낸다.

예방교육

- 학교폭력의 개념 및 정의를 명확하게 설명하기보다는 '폭력'은 친구의 몸과 마음을 아프게 하는 행동 등 유아가 이해할 수 있는 수준에서 설명한다.
- 구체적인 사례를 통해 폭력을 이해하고 지양해야 하는 행동임을 알려준다.
- 사소한 괴롭힘, 장난이라고 여기는 행위도 학교폭력이 될 수 있음을 분명하게 인식할 수 있도록 한다.
- 다른 사람에게 좋지 않은 행동이나 말을 했을 때 즉시 멈추고 사과해야 하는 것을 교육한다.

참고

분쟁조정신청(교권침해)

- 학부모와 교원 간 교권침해 사안 발생 시 당사자는 교권침해분쟁조정을 신청할 수 있다. 하지만, 학교, 교육청 등 조정 담당 기관의 분쟁조정신청 양식과 방법이 「교권침해분쟁조정위원회」로 명칭되어 있으므로 편의상 교권침해분쟁조정신청으로 통일함
- 위원장 4인(해당, 학부모위원, 교원단체관계자, 법률전문가 2인, 정신의학전문가 1인, 기타 1인)으로 구성됨
- 초·중·고, 유치원의 교권침해 분쟁조정은 시·도교육청 산하 교권보호위원회에서 진행함
- 사안의 대응 절차가 피해·가해가 공평하고 객관적으로 조정되기 어려울 수 있어, 사안 해결을 위한 방안을 제시하는 과정으로만 해석해 주실 필요 마시길 바람.

① 교원의 교육활동 중 학교에 다음 각 호의 사유로 피해당하는 인권침해 경우에 교권침해분쟁조정신청을 할 수 있다.
1. 교육활동 중인 교원에 대한 폭언 및 폭행
2. 교육활동 중인 교원에 대한 신체 등의 접촉
3. 교원의 교육활동과 관련된 명예훼손 및 모욕
4. 그 외에 교권 피해자로 인정되는 사항

학교교권보호위원회

- 학교교권보호위원회는 유치원에 대한 침해 등이 있을 때 사안에 대한 개선 및 가능한 방안 중, 일반 사안(언어적 성희롱 등 포함)의 경우 사안에 대한 이야기가 이루어져 있다. 신고자가 원할 경우 이를 사용하여 신고 교사에 대한 교원 및 사용 교사에 대한 후속 조치를 한다.
- 교육활동 중 학교장은 학교교권보호위원회를 개최하여 조치를 결정할 수 있다. (「교원의 지위 향상 및 교육활동 보호를 위한 특별법」 제28조)
- 유치원에 관한 법령 내용 「제28조」 (2007년 9월 20일에 제정)
- 학교는 교권침해의 유치원에서 다음과 같은 내용으로 교권보호위원회에서 이를 심의를 한다. (「교원의 지위 향상 및 교육활동 보호를 위한 특별법」 제11조 및 제12조)

유아 간 폭행 사건 대처 요령

- 폭행을 당하는 해당 시 아래의 조치를 먼저 하고, 사실이 적절한 대응을 위해 가능한 조치를 다한다.
- 해당 유치원에서 유아를 다른 반대로 통합시킬 때 즉, 교권보호위원회에 이를 안내하지 않을 시 이를 응시한 방법으로 조치를 다한다. (해당 경우 이를 유치원의 행정업무 도움을 받기 위함)
- 해당 유아 등이 학부모가 있을 시 학부모를 연락하지 않는다.
- 언론신문으로 알리고(SNS 등 이메일(알림장, 방 관리 등), 메시지 등)
- 해당 유치원에서 유아안전사고 대처 학교장에 신고한다.
- 해당 유치원에 유아안전사고 통보를 하거나 학부모에게 즉시 대응한다.
- 새로운 유아의 학부모를 대상한 성격·활동한다.

유치원에서 인지되어가 교사가 작성해야 할 항목
사고일시 사건처리
① 사건보고 일사 → ② 학교안전공제회에
사고발생 통지 → ③ 응급처치와 치료 →
④ 사고처리 등기 → ⑤ 서류 접수 → ⑥ 결정
통보 → ⑦ 통보 후 신청

memo

학교폭력   언어/사이버 폭력

학습목표: 일상 및 사이버 공간에서 언어와 개인정보로 상대방에게 피해를 줄 수 있음을 이해하고, 피해 받았을 때 대처하는 방법을 알아본다.

누리과정 관련 요소

- **신체운동·건강** — 안전하게 생활하기: TV, 컴퓨터, 스마트폰 등을 바르게 사용한다.
- **의사소통** — 듣기와 말하기: 고운 말을 사용한다.
- **사회관계** — 더불어 생활하기: 서로 다른 감정, 생각, 행동을 존중한다.

학습주제	학습의 중점
1. 언어폭력 이해하기	• 나쁜 말이나 단어가 아니어도 언어폭력이 될 수 있다는 것을 이해한다. • 상처가 되는 말을 들었을 때 대처하는 방법을 안다.
2. 사이버폭력 이해하기	• 사이버폭력은 핸드폰이나 컴퓨터를 사용하면서 상대방을 속상하게 하거나 괴롭히는 것임을 안다. • 사이버폭력에 대처하는 요령을 알아본다. • '스마트폰 미니북'을 만들어 올바른 스마트폰 사용하는 방법을 실천해본다.
3. 개인정보의 소중함 알아보기	• 개인정보 개념에 대해 이해한다. • 개인정보 지킬 때와 말해야 할 때를 구분한다.

[출처: 학교안전교육 7대 표준안 교육 자료집(교육부, 학교안전공제중앙회, 2023)]

언어폭력 유형

유형	설명
성격공격	성격에 대해 비난하거나 조롱하는 행위 → 적극적이고 활발한 친구에게 잘난 체한다고 비난함
능력공격	공부를 잘하거나 못하는 등 학습능력이 부족한 경우 놀리는 행위 → 체육시간 게임 활동에 미숙한 친구에게 너 때문에 우리 팀이 졌다고 비난함
배경공격	가족이나 사회,경제적 여건 등을 이유로 조롱하는 행위 → 편부 가정의 친구에게 엄마도 없는 아이라고 놀리거나 엄마가 없어서 그렇다고 함
생김새 공격	외모의 특징을 가지고 놀리거나 비난하는 행위 → 얼굴에 점이 있다고 점박이라고 놀림
저주, 희롱, 조롱	친구에게 저주하는 말을 하거나 놀리는 행위 → 이름이 다혜인 친구에게 뭐든지 네가 다해라고 놀림
협박,욕설	무엇인가 강요하거나 욕을 하는 행위
나쁜 소문 퍼뜨리기	친구에 대한 나쁜 이야기를 다른 친구들에게 이야기하는 행위 → 은정이가 현지하고 절교하고 다시는 말도 안한대
친구를 욕하도록 다른 친구 설득하기	친구들이 특정 친구를 욕하도록 분위기를 선동하는 행위 → 얘들아, 영희는 선생님이 보시는 데서만 범생처럼 행동하지 않니?

[출처: 한국교육개발원]

memo

사이버폭력

유형

메일, 메신저, SNS, 휴대전화, 인터넷 게시판 등에서 개인이나 집단이 특정인을 의도적이고 지속적으로 괴롭히는 행위

- 사이버 언어폭력: 욕설 비하 비방글 유포
- 사이버 명예훼손: 사실 또는 거짓말로 인격 훼손
- 사이버 성폭력: 성적묘사, 성적비하, 성차별적인 내용의 글이나 그림 업로드 유포
- 사이버 스토킹: 원치않는 문자, 사진 영상 반복 전송
- 신상정보 유출: 동의없이 타인의 개인정보 유출
- 사이버 따돌림: 눈, 채팅방에서 타인을 욕하고 놀리고 참여를 훼방함

사이버폭력이 될 수 있는 사례

- 욕설이나 비방하는 글
- 단체 SNS에서 공개적으로 불편한 사진이나 나쁜 말을 쓰는 것
- 친구가 핸드폰이나 컴퓨터 또는 데이터를 뺏어서 사용하는 것

부모가 알아야 하는 사항

- 사이버 폭력에 대해 규칙적으로 대화 나누기
- 사이버 폭력 신고 방법과 도움 요청 기관 알아두기
- 자녀의 온라인 활동 관심 갖고 지켜보기
- 음란물, 폭력물 필터링 소프트웨어 설치하기
- 어른과 관계기관과 상의할 것을 강조하기

(경찰청 신고민원 117)
(한국인터넷진흥원 개인정보침해신고센터 118)

사이버폭력 대처하는 요령

① 처음에는 무시하기
② 반복 시 확실하게 거부하기
③ 반복 시 증거확보하기
④ 대응하지 말고 자리에서 벗어나기
⑤ 부모, 교사께 말씀드리기
⑥ 필요 시 학교, 경찰서 및 사이버수사대 신고하기
⑦ 신체적, 정서적 안정 확보에 힘쓰기

개인정보보호

- **개인정보**: 나를 알아볼 수 있는 정보
- **개인정보 종류**: 이름, 유치원, 반이름, 집 주소, 집 비밀번호, 부모님 이름, 내 생일, 전화번호, 나이, 성별 등
- **개인정보를 보호해야 하는 이유**: 나의 개인정보를 이용해서 나와 부모님을 속여서 나쁜 행동을 하기 때문이다.

개인 정보 지키기 실천 방법

- 유치원 가방에 자녀의 이름, 유치원명, 부모님의 전화번호가 노출되어 있는지 확인한다.
- 자신의 정보를 함부로 알려주면 안 된다는 것에 대해 알려준다.
- 부모님의 SNS 활동에서 노출되는 자녀의 개인정보(자녀의 얼굴, 이름, 생일, 집 주소)는 없는지 확인해 본다.
- 모든 사람은 자신의 개인정보에 대한 권리가 있으므로 개인정보를 지키는 방법을 알려준다.
- 아파트, 유치원 등에 설치된 CCTV에 촬영된 정보도 나의 개인정보가 될 수 있다는 것을 알려준다.

memo

학교폭력 — 물리적 폭력

학습목표: 신체폭력이 무엇인지 알아보고 이런 상황을 대처하는 방법을 익히고 실천하며, 친구를 소중하게 대하는 태도를 지닌다.

누리과정 관련 요소

- **사회관계** — 더불어 생활하기: 친구와 서로 도우며 사이좋게 지낸다.
- **사회관계** — 더불어 생활하기: 친구와의 갈등을 긍정적인 방법으로 해결한다.
- **자연탐구** — 자연과 더불어 살기: 생명과 자연환경을 소중히 여긴다.

학습주제	학습의 중점
1. 신체폭력 이해하기	• 장난과 신체 폭력을 구별할 수 있다. • 친구가 잘못을 했어도 때리는 것은 나쁜 행동임을 안다.
2. 신체폭력 대응 방법 알아보기	• 신체폭력 등 다양한 폭력 상황에 대해 적절하게 대응하는 방법을 알 수 있다.
3. 친구와의 갈등 해결 방법 알아보기	• 친구와 갈등이 생겼을 때 올바른 해결 방법을 알아본다. • 친구를 소중히 여기는 태도를 지니고 이를 실천할 수 있다.

[출처: 학교안전교육 7대 표준안 교육 자료집(교육부, 학교안전공제중앙회, 2023)]

폭력상황에 따른 대응

폭력 상황	대응방법
친구가 내가 싫어하는 별명을 부르거나 싫어하는(때리는) 행동을 하면,	"싫어!", "하지마!"라고 당당히 말한다.
친구가 나를 괴롭히거나 놀리면,	"그만해"라고 강하게 말한다.
나를 괴롭히거나 친구를 괴롭히는 사람이 있으면,	'어른들', '선생님'에게 도와달라고 한다.
친구가 괴롭힘을 당하고 있으면,	'그만해', '하지마'라고 친구와 함께 말한다.

친구와의 갈등 해결 방법

사과하는 방법

인정하기 (내 실수로 네 눈에 흙이 들어갔구나.)
→ **피해준 것 사과하기** (너의 눈을 아프게 해서 미안해)
→ **약속하기** (앞으로는 흙놀이를 할 때 친구가 있는지 확인하고, 조심히 놀이할게)

갈등해결 2단계

① **나는 이렇게 하고 싶어**
각자 원하는 것에 이유나 기분을 넣어 말하기 (예: 나는~를 하고 싶어, 왜냐하면)

② **나도 좋고 너도 좋고**
각자 원하는 것 말한 후, 서로가 좋은 방법 생각하기 (예: ~하면 어떨까?, ~해줄래? ~해도 괜찮겠어?, 이건어때?)

memo

학교폭력 집단따돌림

학습목표	집단 따돌림의 뜻을 이해하고 집단 따돌림을 받았을 때 대처 방법과 집단 따돌림을 받는 친구를 도와주는 방법을 알아본다.

누리과정 관련 요소

의사소통	사회관계	사회관계
듣기와 말하기 자신의 경험, 느낌, 생각을 말할 수 있다.	**더불어 생활하기** 친구와의 갈등을 긍정적인 방법으로 해결한다.	**더불어 생활하기** 서로 다른 감정, 생각, 행동을 존중한다.

학습주제	학습의 중점
1. 집단 따돌림 이해하기	• 사례를 통해 집단 따돌림이 무엇인지 이해할 수 있다.
2. 집단 따돌림 시 대응 방법 알아보기	• 집단 따돌림을 받았을 때 대처하는 방법을 알 수 있다. • 집단 따돌림을 받는 친구를 도와주는 방법을 알아본다.

[출처: 학교안전교육 7대 표준안 교육 자료집(교육부, 학교안전공제중앙회, 2023)]

집단 따돌림

• **집단**: 여럿이 모여 이룬 모임
• **따돌림**: 따돌리는 일. (유의어) 소외, 왕따
• **집단 따돌림**: 한 집단 내에서 특정한 사람을 따로 떼어 멀리하는 일

집단 따돌림 안전수칙

• 하지마! 싫어!라는 말을 분명히 한다.
• 부모님이나 학교에 도움을 요청한다.
• 일부러 친구를 따돌리거나 괴롭혀서는 안 된다는 것을 알려준다.
• 친구들과 함께 친구를 흉보거나 SNS에서 나쁜 말을 남겨도 폭력이니 하면 안 된다는 것을 알려준다.
• 친구가 괴롭힘을 당하고 있다면 도와줘야 한다는 것을 알려준다.
• 따돌림당하는 친구를 지켜만 보는 것(무관심)도 그 친구에게 상처가 된다는 것을 알려준다.

성폭력 — 성폭력 예방 및 대처 방법

학습목표: 성폭력 상황과 예방법을 알아보고 성폭력 상황 시 안전하게 대처할 수 있다.

누리과정 관련 요소

- **신체운동·건강** — 안전하게 생활하기: 안전사고, 화재, 재난, 학대, 유괴 등에 대처하는 방법을 경험한다.
- **사회관계** — 나를 알고 존중하기: 나의 감정을 알고 상황에 맞게 표현한다.
- **사회관계** — 더불어 생활하기: 친구와 어른께 예의 바르게 행동한다.

학습주제	학습의 중점
1. 좋은 느낌과 나쁜 느낌 구분하기	• 좋은 느낌과 나쁜 느낌을 구분해본다. • 소중한 나의 몸에 대해 안다.
2. 동의와 거절 표현하기	• 동의와 거절의 의미를 알아본다. • 자신의 의사에 따라 동의, 거절하는 표현을 구체적으로 말해본다. • 신체 접촉에는 '동의' 과정이 필요함을 인식한다.
3. 성폭력 상황 및 예방법 알아보기	• 내 몸을 지켜야 하는 상황에 대해 알아본다. • 싫은 느낌, 불쾌한 상황에서 자신을 보호 할 수 있는 행동을 실천한다. • 성폭력 상황 시 대처하는 방법을 안다.

[출처: 학교안전교육 7대 표준안 교육 자료집(교육부, 학교안전공제중앙회, 2023)]

좋은 느낌과 나쁜 느낌

기분 좋은 접촉
- 엄마, 아빠가 나를 꼭 껴안고 뽀뽀해줄 때
- 엄마, 아빠 무릎에 앉아 책 읽을 때
- 가족 어깨를 안마해 줄 때
- 아빠가 자기 전에 뽀뽀해 줄 때

기분 나쁜 접촉
- 친하지 않은 사람이 나를 억지로 껴안고 뽀뽀할 때
- 싫은데 나의 머리나 몸을 만질 때
- 나의 몸에 장난을 칠 때
↳ 나쁜 느낌이 들게 하는 행동은 나에게 위험을 끼칠 수 있다는 것을 강조한다.

내 몸의 소중함
- 나의 소중한 몸을 다른 사람에게 함부로 보여주거나 다른 사람이 만지지 않게 한다.
- 친한 사이라도 다른 사람이 나를 만지는 것이 싫다면 솔직하게 말한다.
- 다른 사람의 몸을 만질 때는 항상 먼저 만져도 되는지 묻는다.
- 친구들 간에도 서로의 신체를 함부로 만지거나 때리지 않도록 한다.

동의와 거절

동의
- 어떤 일이 좋다고 찬성한다는 뜻
- 다른 사람의 생각을 물어보고 다른 사람의 답을 기다리는 것
- **'동의'의 말**: 좋아, 그래, 그러자, 좋은 생각이다. 등
↳ 사람에 따라 동의 반응 정도가 각기 다르며, 침묵이나 머뭇거림은 동의가 아니라는 것과 적극적으로 호응할 때만 '동의'임을 설명한다.

거절
- 어떤 일이 싫다고 반대한다는 뜻
- **'거절'의 말**: 싫어, 미안해 이건 내가 싫어하는 것이야, 침묵 등
↳ 모든 사람은 몸과 마음이 다르므로 서로 생각도 다를 수 있어서 '거절'당하는 것은 마음 아프거나 속상해할 일이 아님을 설명한다.

성인지 감수성

- **성인지 감수성**: 성별 간의 차이로 인한 일상생활 속에서의 차별과 유, 불리함을 이해하고 불평등을 인지하여 이를 해결하고자 하는 관점과 태도
- **성인지 감수성 교육의 필요성**
  ① 일상생활 속의 성차별적 요소를 감지하는 민감성을 기를 수 있다.
  ② 성평등 의식과 실천 의지를 기를 수 있다.
  ③ 성별 고정관념에서 벗어나 자신이 원하는 것을 선택하고 꿈꿀 수 있는 사람으로 자라도록 돕는다.
  ④ 풍부한 성인지 감수성으로 아이들이 '남자답게', '여자답게'가 아닌 '나답게' 자랄 수 있도록 한다.
- **성인지 감수성 주요 교육내용**
  ① 경계의 존중: 너의 공간 나의 공간: 나만의 공간이 있어요.
  ② 신체 안전: 내 몸의 주인은 바로 나
   – 다른 사람이 만지면 안 되는 곳이 있어요.
   – 안전한 느낌, 안전하지 않은 느낌이 있어요.
   – 나쁜 비밀, 약속, 규칙이 있어요(지키지 않아도 되는 비밀)
  ③ 관계와 접촉: 친구 사이 지켜야 할 예의
   – 좋아, 싫어, 라고 이야기해요.
   – 친구가 대답을 안 했다고 괜찮은 건 아니에요.
   (표정과 몸짓으로 말하는 싫은 마음)
   – 친구들의 잘못된 행동을 말할 수 있어요.

[출처: 어린이집, 유치원교사등을 위한 성인지 교육교재 (여성가족부, 2020)]

성폭력

- 성폭력: 성을 매개로 상대방의 동의 없이 강제적으로 이루어지는 모든 신체적·언어적·정신적 폭력을 포괄하는 개념
- 성폭력은 성추행, 성희롱, 성폭행 등을 모두 포함하며 개인의 성적 자기결정권을 침해하는 모든 행위를 말함

영유아의 발달적 특성

- 인지적인 발달 미숙
- 낯선 사람에 대한 경계심 부족, 어른의 말에 복종
- 자신의 느낌과 생각을 잘 표현하지 못함
- 신체적으로 약하고 저항 능력이 부족함
- 판단력과 변별력이 미흡하여 성폭력 피해 사실을 인지하지 못함

성폭력 예방교육

「아동복지법」 제31조 제1항

교육내용
- 성폭력을 예방하기 위한 교육 및 성폭력 발생 시 대처방법
- 성폭력의 개념 및 성폭력 피해 발견시 도움을 요청하는 방법 등에 관한 교육
- 성폭력 유형에 따른 예방 요령에 관한 교육
- 그 밖에 성폭력 예방에 필요한 사항으로 교육대상의 연령 등을 고려하여 교육감이 필요하다고 인정하는 사항

성폭력 예방 요령

① "안 돼요, 싫어요, 하지 마세요" 등의 단호한 표현으로 거절의 의사를 밝힌다.
② 그 자리를 피한다: 자리를 피해 안전한 장소로 이동한다.
③ 알리고 도움을 요청한다: 부모나 주위 어른, 112 등에 신고하여 도움을 요청한다.

성폭력 대처

대응 절차

① **피해 유아 상담 진정시키기**
- 아이가 안정이 될 때까지 "괜찮아.", "네 잘못이 아니야.", "도와줄게" 등의 표현을 한다.
- 아이가 편안하게 이야기할 수 있도록 친근한 태도로 신뢰를 보내며, 강요하지 말고 편안한 이야기만 듣는다.

② **중기 대응하기**
- 피해 아동에게 자세한 상황과 이야기에 대해 들을 수 있도록 시도한다.

③ **신고하기**
- 경찰이나 성폭력 ONE-STOP 지원센터에 신고한다.
- 증거 자료 확보 및 가능한 빨리 사진 등을 찍어 둔다.
- 성폭력 피해의 상처, 무기, 가해자의 옷과 소지품 등을 기록한다. (시간지체 금물)
- 가해자를 보호자 등이 직접 단독으로 만나 설득시키거나 공론화하지 않는다. (피해자 노출 방지를 위해 비밀 보장)

긴급 신고처

긴급기관	신고전화
경찰청	112
검찰청	☎ 지역번호+1301
여성긴급전화	☎ 지역번호+1366

④ **성폭력 발생 시 기관에 즉각 보고하기**
- 해당기관에서 성폭력 피해에 대한 보호와 조치를 받도록 한다.

피해 아동의 성폭력 징후

신체적 징후	정서적, 사회적 징후	
영유아	• 성숙한 지식 표현 • 그림, 언어, 놀이 표현	• 불안, 걱정 • 수면 장애 • 행동의 변화 • 분노 표출

성폭력 가해자 징후

① 성폭력 가해 요인 → 왜곡된 성의식
② 비정상적 성적 흥분 → 반사회적 성격
③ 성 가치관 변화 → 성의식 기반 낮음
④ 교육의 부재 → 잘못된 성지식의 습득, 성적 호기심 발산
⑤ 사회적인 요인 → 음란매체 노출 시, 피해 노출 관련되지 않음

기출문제

2012 기출 (객관식 13번)
유아 성폭력에 관한 내용 중 보기로 바른 것을 고르시오. 교사가 아동에 대한 의심으로 초동 적절하게 하는 행동을 고르시오.

2009 기출 (객관식 20번)
아이가 성폭력 피해에 대한 신고하기로 가장 적절한 것을 고르고, 첫 번째로 나오는 것을 고르시오.

만점: 일반적으로 아동에게 벌어지는 물리적 영향이나 신체에 대한 가해적 성적 행동 또는 언어적 강제성이 들어간 성적 접촉 등 모든 사례에 해당한다.

2008 기출 (주관식 7)
1) 유아의 성폭력 발생 원인과 성폭력의 구체적인 이유를 2가지 쓰시오.
2) 교사가 교육사로서 할 교육의 내용을 2가지 쓰시오.
3) 성폭력 발생 사건이 고지되었을 때 교사가 대처해야 할 양식 절차를 2가지 쓰시오.

memo

성 행동

유아 발달 과정에서 나타나는 성행동

성개념	획득 시기	발달적 특성	일반적으로 나타나는 성 행동 예
신체에 대한 탐색	만 0~1세	우연한 상황 등에서 신체의 감각적 느낌을 탐색	• 기저귀를 갈거나 몸을 씻겨줄 때 감각적인 느낌에 반응하기도 함 • 자신의 성기를 보거나 만짐
성 정체감 인식	만 4~5세	자신을 남자, 또는 여자라고 인식하고, 다른 사람의 성을 구분할 수 있음	• 벗고 돌아다님 • 가족이나 또래의 벗은 모습에 호기심을 나타냄 • 자신의 성기를 보거나 만지는 등의 행위가 나타나기도 함
성 안정성	만 4~5세	시간이 지나도 자신의 성이 변하지 않을 것임을 알게 됨. 남자아이는 아빠가, 여자아이는 엄마가 될 것이라고 믿음	• 엄마·아빠 놀이 시 행동 모방 • 아기 태어나는 과정, 의사 놀이 시 옷을 벗기려는 행동(성적 행동인지 단순한 모방 행동인지 구분 어려움) • 일시적으로 화장실 엿보기 • 자신의 성기를 보거나 만지는 등의 행위가 나타나기도 함
성 일관성	만 6~7세	외모나 행동, 옷과 같이 외형적인 변화가 있어도 성이 변하지 않음을 인식	• 이성에 대한 호감을 가까이 앉거나 서기, 껴안거나 뽀뽀하기 등으로 표현 • 그림 그릴 때 성기를 묘사하거나, 일상적 대화 소재로 삼음 • 일시적으로 화장실 엿보기 • 자신의 성기를 만지는 등의 행위가 나타나기도 함

[출처: 유치원 유아의 성 행동 문제 관리 대응 지침(교육부, 2020)]

관련 용어

용어	의미
유아 성행동	유아가 성장 발달하면서 나타내는 성과 관련된 행동
유아 성행동문제	유아가 해당 연령의 자연스러운 발달 특성에서 벗어나 우려하거나 위험한 수준의, 혹은 문제가 될 수 있는 성 행동 또는 행동에 따른 문제
피해 유아	또래의 성행동문제로 심리적, 신체적 피해를 본 유아
행위 유아	성행동문제로 또래에게 피해를 준 유아 (낙인이 되지 않도록 '가해 유아'라는 용어 사용하지 않음)

참고

타유관기관: 해바라기센터
- **사건 초기 개입**
  - (초기조사 지원) 사건 상황에 따라 지자체 요청에 의한 초기조사 시 동행
  - (사례위원회 참여) 지자체가 구성하는 사례위원회의 구성원으로 참여, 사례 평가 및 분석, 상담·치료 연계 등 사후관리 방안 마련 지원
    * 피해 유아는 피해 상황에 따라 초기조사 전이라도 해바라기센터에서 치료 가능
- **사후관리**
  - (상담 지원) 성행동문제로 인한 피해 유아 및 가족의 심리사회적 욕구 파악 및 심리적 어려움 완화와 회복 지원, 상담지원계획 수립
  - (의료지원) 정신건강의학과 치료 연계, 피해 유아의 연령별, 발달적 특성을 고려 하여 외상 치료 (부모 사전 동의 필수) 진행
  - (심리지원) 성 행동문제 관련 피해 후유증을 최소화하기 위한 심리평가 및 심리치료

2004 기출 주관식 2) 영희가 화장실에서 소변을 보고 있었는데 갑자기 철수가 화장실 문을 열었다. 영희는 놀라서 소리를 질렀다. 유아들이 철수와 같은 행동을 하게 되는 원인을 3가지 쓰고, 각각의 경우에 해당되는 지도 방안을 제시하시오.

		유아의 문제수준 성행동			성행동 대응 방법	
구분	수준	판단기준	행동의 특성			
성행동	일상적인 수준 (일반적인 성 관련 행동)	다른 관심사로 주의 전환 가능 여부	• 놀이를 제안하면 관심을 보임 (예) 밀가루 놀이를 할까? 친구들은 지금 빵을 만들고 있대) • 교사에 의해 중지하거나 주의를 다른 곳으로 돌릴 수 있음 (예) 소변을 볼 때 보면 친구가 불편해하겠지? 블록 놀이하러 갈까?)	• 다양한 흥미 중 하나로 나타난 행동이므로, 흥미를 보일만 한 놀이로 관심 전환 • 성 행동에 주목할수록 자꾸 하려고 하므로, 남에게 피해를 주지 않으면 무시하는 것이 필요 • 유아의 이야기를 잘 들어주고 관심과 애정을 표현 • 성과 성기에 관한 관심이 높아진 상태이므로, 남·여 성기의 차이점에 대해 성교육뿐 아니라 개별적으로도 알려주며 관심 수용 • 흥미를 느낄만한 놀이를 제공하여 관심을 다른 곳으로도 확산시켜줌		

+ 지속성, 반복성, 은밀

					교사대응	원장대응
성행동문제	우려할 수준	• 지속성 • 반복성 • 은밀한 행동 여부 • 지속성 • 반복성 • 은밀한 행동 여부	• 교사가 다른놀이로 흥미를 끌어도 성 행동의 중단이 어려움 • 잠시 멈추었다가도 교사가 다른 곳으로 가면 성 행동을 반복하고 지속함 • 교사의 눈을 벗어나는 은밀한 장소에서 이루어지는 경향이 반복하여 나타남 • 교사가 다른놀이로 흥미를 끌어도 성 행동의 중단이 어려움 • 잠시 멈추었다가도 교사가 다른 곳으로 가면 성 행동을 반복하고 지속함 • 교사의 눈을 벗어나는 은밀한 장소에서 이루어지는 경향이 반복하여 나타남		• **상황 개입**: 문제가 되는 행동을 중지/관련유아 분리 • **원장 보고**: 문제된 행동과 상황을 기록과 보고 • **부모 면담**: 상황설명, 가정에서 지도, 전문가 도움 권유(필요시), • **환경 점검**: 교육환경 및 일과점검(낮잠시간 등 하루일과가 지루하거나 교사관리가 미비한 시간대 확인 등), 개선사항 확인, 개별 상황에 따른 행동지도 계획, 실행	• **상황 파악**: 교직원의 보고 및 사실 확인(해당 반 상황 및 관련 유아의 행동 관찰, 부모 면담 지원) • **외부 지원 요청**(필요시): 전문가 자문 및 사례위원회 지원 요청 • **예방을 위한 교육**: (교직원 및 유아 대상) 성 행동문제 개선을 위한 교사 역할 지도 및 유아 성교육 실시, (부모 대상) 가정연계를 통한 예방을 위해 부모 대상 교육 실시(필요시)

+ 강요 및 폭력성, 심신의 피해 발생

					교사대응	원장대응
	위험한 수준 (또래 간 성적 괴롭힘 포함)	• 지속성 • 반복성 • 은밀한 행동 여부 • 강요 및 폭력성 • 집단화(피해 유아 1인에 행위 유아 다수) • 타인의 심신 피해 발생 여부	• 우려할 수준의 성 행동이 지속해서 반복되고, 다른 놀이에 관한 관심이 현저히 낮거나 거의 참여하지 않음 • 유아의 주의를 다른 곳으로 돌리려고 할 때 저항하거나 분노 행동을 보임 • 또래에 대한 강요나 폭력적 성향이 나타나며 교사의 눈을 피해 은밀한 장소로 또래를 데리고 가기도 함 • 또래 유아의 성기에 상처가 나거나 불안해하는 등 신체, 정서상 피해가 발생함		• **상황 개입**: 즉각 개입하여 행동 중지, 안정된 태도 유지 • **원장 보고**: 인지 즉시 보고 • **분리 조치**: 행위 유아, 피해 유아 다른 공간으로 분리, 보호조치 • **상황 파악 및 기록**: 사건 경위 기록(원장 협조)(가능한 유아 스스로 말하도록 개방적 질문을 하고, 초기진술의 오염 방지를 위해 추궁, 반복, 추가 질문을 하지 않음) • **환경 점검 및 행정 사항**: 교육환경, 일과 점검, 개선사항 살핌, 원장 지도하에 개별 행동 지도 계획, 실행, 원장, 유아 성교육 담당자 지도하에 유아 성 안전교육 실행	• **상황 파악 및 안전조치**: 보고받은 즉시 신속히 상황 파악, 부모 연락, 행위 유아와 피해 유아를 분리·보호조치, 모든 유아의 안전 확인 • **외부 지원 요청**: 교육지원청에 사안 보고, 교육지원청에 초기조사 및 자문 요청 • **부모 면담 및 조치 논의**: 상황 설명, 등원 여부 협의(행위 유아와 피해 유아의 분리를 위해 행위 유아 일시적 가정양육 권고 등), 피해유아 치료방안 논의 • **외부 기관 협조**: 교육지원청 초기조사 협조, 초기자료가 훼손되지 않도록 사안 관련 사진(발생 장소, 상처 등), 해당 CCTV자료 보관 및 사건경위 기록, 부모면담 기록 등의 자료 확보 예방을 위한 교육, 자문에 따라 교사 역할 지도 및 유아 성교육 실시, 자문에 따라 부모설명회 및 부모 대상 예방 교육 실시

[출처: 유치원 유아의 성 행동 문제 관리 대응 지침(교육부, 2020)]

성폭력 — 성매매 예방

학습목표: 나의 감정과 성장과정에 대한 이해를 통해 나의 감정을 조절하며 소중한 내 몸을 지키기 위해 노력할 수 있다.

누리과정 관련 요소

- **의사소통 — 듣기와 말하기**: 자신의 경험, 느낌, 생각을 말한다.
- **사회관계 — 나를 알고 존중하기**: 나를 알고 소중히여긴다.
- **사회관계 — 나를 알고 존중하기**: 나의 감정을 알고 상황에 맞게 표현한다.

학습주제	학습의 중점
1. 나의 몸 소중히 여기기	• 내 몸의 삼각지대를 알아본다. • 내 몸의 소중한 곳을 보여주지 않아야 함을 인식한다.
2. 나의 감정 알고 조절하기	• 다양한 나의 감정에 대해 알아본다. • 나의 감정을 긍정적으로 표현할 수 있다.
3. 나의 출생과정 알아보기	• 나의 출생과정을 안다. • 나를 소중히 여기는 마음을 갖는다.

[출처: 학교안전교육 7대 표준안 교육 자료집(교육부, 학교안전공제중앙회, 2023)]

소중한 나의 몸

- 내 몸의 각 부분과 올바른 명칭: 머리, 얼굴, 어깨, 가슴, 배, 배꼽, 눈, 코, 입, 귀, 팔, 손, 발, 무릎, 엉덩이, 항문, 음순(여자), 음경(남자)
- 우리 몸에서 다른 사람에게 보여 줄 수 없는 부분: **안전 삼각지대**
  ① 바른 자세로 서기
  ② 팔을 앞으로 나란히 뻗기
  ③ 앞으로 나란히 자세에서 손바닥을 마주 붙이기
  ④ 그대로 손을 아래로 내리기
- 안전 삼각지대를 보호하는 방법
  ① 다른 사람이 함부로 보거나 만지지 못하게 한다.
  ② 더러운 손으로 만지지 않고 자주 씻는다.
  ③ 다치지 않도록 조심한다.

감정

- **감정**: 어떤 일이나 행동에 대해 내가 느끼는 느낌
- **감정을 나타내는 다양한 말**: 즐거워, 기뻐, 좋아, 행복해, 슬퍼, 화가 나, 부끄러워, 짜증 나
- **감정을 표현하는 다양한 방법**: 표정, 언어(목소리, 말, 말투), 행동(손짓, 몸짓)
- **감정을 표현하는 적절한 방법**:
  ① 나의 감정을 솔직하게 말로 표현하기
  ② 너무 화가 나거나 너무 슬플 때는 감정이 가라앉을 때까지 잠시 기다린 후 표현하기
  ③ 직접 말로 표현하기 어려울 때는 글을 쓰거나 그림으로 그려서 전달하기
↳ 긍정적인 표현뿐만 아니라 부정적인 표현도 필요할 때가 있음을 알도록 한다.

memo

아동학대 아동학대

학습목표 나의 권리를 알고 아동학대 상황 시 대처하는 방법을 실천할 수 있다.

누리과정 관련 요소

신체운동·건강 **의사소통** **사회관계**

안전하게 생활하기
안전사고, 화재, 재난, 학대, 유괴 등에 대처하는 방법을 경험한다.

듣기와 말하기
자신의 경험, 느낌, 생각을 말한다.

나를 알고 존중하기
나의 감정을 알고 상황에 맞게 표현한다.

학습주제	학습의 중점
1. 아동 4대 권리 알아보기	• 아동 4대 권리를 알아본다. • 자신의 권리를 지키기 위한 방법을 알고 실천한다.
2. 아동학대 의미와 사례 알아보기	• 아동학대 학대 상황을 인식할 수 있다. • 아동학대 사례를 구체적으로 알아본다.
3. 아동학대 대처 방법 알아보기	• 아동학대 상황 시 도움을 요청하는 방법을 알고 실천해본다. • 유치원 주변에서 '아동안전지킴이집'을 찾아본다.

[출처: 학교안전교육 7대 표준안 교육 자료집(교육부, 학교안전공제중앙회, 2023)]

관련 법

- **아동**: 18세 미만인 사람을 말한다.
- **아동복지**: 아동이 행복한 삶을 누릴 수 있는 기본적인 여건을 조성하고 조화롭게 성장·발달할 수 있도록 하기 위한 경제적·사회적·정서적 지원을 말한다.
- **보호자**: 친권자, 후견인, 아동을 보호·양육·교육하거나 그러한 의무가 있는 자 또는 업무·고용 등의 관계로 사실상 아동을 보호·감독하는 자를 말한다.
- **아동학대**: 보호자를 포함한 성인이 아동의 건강 또는 복지를 해치거나 정상적 발달을 저해할 수 있는 신체적·정신적·성적 폭력이나 가혹행위를 하는 것과 아동의 보호자가 아동을 유기하거나 방임하는 것을 말한다.

「아동복지법」 제3조(정의)

아동학대 대처

- 아동학대를 안전하게 대처하는 방법:
싫어요! 하지 마세요! 라고 큰 소리로 말하기
 – 도움을 요청할 수 있는 어른(경찰, 선생님, 부모님, 주변의 이웃어른 등)에게 이야기 하기
 – 전화 112에 신고하고 경찰에게 도와달라고 말하기

아동 4대 권리

- **아동**: 18세 미만의 사람으로 유아, 어린이, 청소년 모두
- **아동 권리**: 아동이 당연히 누릴 수 있는 힘과 자격
- **유엔아동권리협약의 아동 4대 권리**
  ① 생명존중의 권리: 영양가 있는 음식을 먹고, 몸이 아프면 치료받고, 안전하게 지낼 수 있을 권리
  ② 보호의 권리: 생김새, 좋아하는 것, 생각이 달라도 모두 차별과 폭력으로부터 보호받을 권리
  ③ 참여의 권리: 자유롭게 생각하고 우리의 생각을 이야기할 권리
  ④ 발달의 권리: 친구들과 신나게 놀면서 배우고, 충분히 쉬고, 학교에 다닐 권리

아동학대

- **아동학대**: 어른이 아동의 몸과 마음을 아프게 하고 돌봐주지 않는 것
- **아동학대 상황**: 4대 권리에 반하는 행위
  ① 신체학대: 아동의 몸을 아프게 하는 것
  ② 정서학대: 아동에게 말과 표정으로 무서운 기분, 슬픈 기분이 들게 하여 마음을 아프게 하는 것, 다투거나 싸우는 모습 같은 무서운 장면을 보게 하는 것
  ③ 성학대: 아동의 소중한 부분을 보거나 만져서 나쁜 기분을 들게 하는 것
  ④ 유기 및 방임: 아동을 오랜시간 혼자 두는 것, 보살펴주지 않는 것

아동권리보장원

중앙아동보호전문기관은 아동복지법 개정(안)(2019.7.16. 시행)에 따라 아동권리보장원으로 통합되었다. 지역아동보호전문기관은 아동보호전문기관으로 명칭 변경되었으며, 아동보호전문기관은 아동학대 신고접수, 조사 및 개입 등의 아동학대예방사업을 수행하였으나 조사공화 시행(2020.10.1.)으로 아동학대 신고접수 및 조사는 지자체에서 수행한다.

「아동복지법」

제10조의2(아동권리보장원의 설립 및 운영) ① 보건복지부장관은 아동정책에 대한 종합적인 수행과 아동복지 관련 사업의 효과적인 추진을 위하여 필요한 정책의 수립을 지원하고 사업평가 등의 업무를 수행할 수 있도록 아동권리보장원(이하 "보장원"이라 한다)을 설립한다.
② 보장원은 다음 각 호의 업무를 수행한다. 〈개정 2020. 4. 7., 2020. 12. 29.〉
1. 아동정책 수립을 위한 자료 개발 및 정책 분석
2. 제7조의 기본계획 수립 및 제8조제2항의 시행계획 평가 지원
3. 제10조의 위원회 운영 지원
4. 제11조의2의 아동정책영향평가 지원
5. 제15조, 제15조의2, 제15조의3, 제16조, 제16조의2의 아동보호서비스에 대한 기술지원
6. 아동학대의 예방과 방지를 위한 제22조제6항 각 호의 업무
7. 가정위탁사업 활성화 등을 위한 제48조제6항 각 호의 업무
8. 지역 아동복지사업 및 아동복지시설의 원활한 운영을 위한 지원
9. 「입양특례법」에 따른 국내입양 활성화 및 입양 사후관리를 위한 다음 각 목의 업무
   가. 국내외 입양정책 및 서비스에 관한 조사·연구
   나. 입양 관련 국제협력 업무
   다. 그 밖에 「입양특례법」에 따라 보건복지부장관으로부터 위탁받은 업무
10. 아동 관련 조사 및 통계 구축
11. 아동 관련 교육 및 홍보
12. 아동 관련 해외정책 조사 및 사례분석
13. 그 밖에 이 법 또는 다른 법령에 따라 보건복지부장관, 국가 또는 지방자치단체로부터 위탁받은 업무

아동학대 유형과 행위

신체학대
성인이 아동에게 신체적 손상을 입히거나 이를 허용하는 모든 행위
- 직접적으로 신체에 가해지는 행위(손, 발등으로 때림, 꼬집고 물어뜯는 행위, 조르고 비트는 행위, 할퀴는 행위 등)
- 도구를 사용하여 신체를 가해하는 행위(도구로 때림, 흉기 및 뾰족한 도구로 찌름 등)
- 완력을 사용하여 신체를 위협하는 행위(강하게 흔듦, 신체부위 묶음, 벽에 밀어붙임, 떠밀고 잡음, 아동 던짐, 거꾸로 매닮, 물에 빠트림 등)
- 신체에 유해한 물질로 신체에 가해지는 행위(화학물질 혹은 약물 등으로 신체에 상해를 입히는 행위, 화상을 입힘 등)

정서학대
성인이 아동에게 하는 언어적, 정서적, 위협, 감금, 억제, 기타 가학적인 행위
- 원망적, 거부적, 적대적 또는 경멸적인 언어폭력 등
- 잠을 재우지 않는 것
- 벌거벗겨 내쫓는 행위
- 형제나 친구 등과 비교, 차별, 편애하는 행위
- 가족 내에서 왕따 시키는 행위
- 아동이 가정폭력을 목격하도록 하는 행위
- 아동을 시설 등에 버리겠다고 위협하거나 짐을 싸서 쫓아내는 행위
- 미성년자 출입 금지 업소에 아동을 데리고 다니는 행위
- 아동의 정서 발달 및 연령상 감당하기 어려운 것을 강요하는 행위(감금, 약취 및 유인)
- 다른 아동을 학대하도록 강요하는 행위

성학대
성인의 성적 만족을 위해 아동의 신체에 접촉하는 행위나 아동과의 모든 성적 행동
- 자신의 성적 만족을 위해 아동을 관찰하거나 아동에게 성적인 노출을 하는 행위(옷을 벗기거나 벗겨서 관찰하는 등의 관음적 행위, 성관계 장면 노출, 나체 및 성기 노출, 자위행위 노출 및 강요, 음란물 노출하는 행위 등)
- 아동을 성적으로 추행하는 행위(구강추행, 성기추행, 항문 추행, 기타 신체 부위를 성적으로 추행하는 행위등)
- 아동에게 유사 성행위를 하는 행위(드라이 성교 등)
- 성교를 하는 행위(성기삽입, 구강성교, 항문성교)·성매매를 시키거나 성매매를 매개하는 행위

방임
- **물리적 방임**: 기본적인 의식주를 제공하지 않는 행위, 상해와 위험으로부터 아동을 보호하지 않는 행위 등
- **교육적 방임**: 보호자가 아동을 학교(의무교육)에 보내지 않거나 아동의 무단결석을 허용하는 행위 등
- **의료적 방임**: 아동에게 필요한 의료적 처치를 하지 않는 행위 등
- **유기**: 아동을 보호하지 않고 버리는 행위, 아동을 병원에 입원시키고 사라진 경우 등

아동학대 유형별 징후

- 어른과의 접촉 회피
- 다른 아동이 울 때 공포를 나타냄
- 공격적이거나 위축된 극단적 행동
- 양육자에 대한 두려움
- 집(어린이집)에 가는 것을 두려워함
- 위험에 대한 지속적인 경계

- 특정 물건을 계속 빨고 있거나 물어뜯음
- 행동장애(반사회적, 파괴적 행동장애)
- 신경성 기질 장애(놀이장애)
- 정신 신경성 반응(히스테리, 강박, 공포)
- 언어장애
- 극단행동, 과잉행동
- 실수에 대한 과잉 반응

성적행동지표
- 나이에 맞지 않는 성적 행동
- 명백하게 성적인 묘사를 한 그림들
- 타인/장난감과의 성적인 상호관계

비성적인 행동지표
- 위축, 환상, 유아적행동(퇴행행동)
- 자기 파괴적 또는 위험을 무릅쓴 모험적인 행동
- 충동성, 산만함 및 주의집중장애
- 혼자 남아 있기를 거부 또는 외톨이
- 수면장애
- 유뇨증/유분증
- 섭식장애(폭식증/거식증)
- 외상 후 스트레스 장애

- 계절에 맞지 않는 부적절한 옷차림
- 음식을 구걸하거나 훔침
- 일찍 등교하고 집에 늦게 귀가함
- 지속적인 피로 또는 불안정감 호소
- 잦은 결석

[출처: 유치원 어린이집 아동학대 조기 발견 및 관리 대응 매뉴얼(교육부, 보건복지부, 2016)]

아동학대 사건에 대한 유치원 대응 방안

| 학대발견 및 신고접수 | → | 내부조사 및 대응 방안 모색 | → | 부모면담 조사 결과 보고 및 해결방안의 공동 모색 | → | 심의 · 조정회의 구성 및 구체적 해결방안 모색 | → | 학대행위자 조치 및 피해유아 보호 대책 |

[원칙 1] 조기발견과 신속한 대응
- **조기발견**: 사소한 문제 제기에도 민감 · 적극 대응.
- 부모의 문제 제기에 대한 대처: 관심과 성의 있는 답변

[원칙 2] 내부 공식적 확인 절차 마련
- 내부 조사위원회 (교직원 회의) 소집
- 관련자 면담 및 사실 확인
- * 피해유아와 부모 의견 청취

[원칙 3] 부모 참여 및 의견 수렴
- 부모에게 내부조사 결과를 알림
- 문제해결 방안의 공동 모색: 유아와 부모의 참여 및 의견 수립

[원칙 4] 객관적 판단과 조정을 위한 제3자의 참여
- 학대판단 및 해결방안에 대한 심의 · 조정회의 구성
- * 유치원 운영위원회 활용, 또는 지역사회 차원의 위원회 구성 (아동보호전문 기관의 자문과 조언 고려)

[원칙 5] 반성 및 관계 회복 노력
- 학대행위자 처벌 및 사과
  - * 유아 참여 존중
- 피해유아 보호와 관계 회복

아동학대 조기 발견을 위한 무단결석 아동에 대한 관리 · 대응

정당한 사유 없이 무단결석한 아동에 대해서는 지속해서 보호자와 연락을 취하고 소재 미 파악 시 수사기관(112)에 신고

시기	주요 점검사항	조치 필요사항	행정사항
결석 당일 (1일)	결석 아동의 결석 사유 확인	지속적 유선 연락을 통한 확인	무단결석 아동에 대한 조치 결과 관리대장 작성
(2일)	결석 아동의 출석 여부 확인 및 소재, 안전 확인	• 결석 아동에 대한 가정 방문 실시 • 가정 방문 결과 아동 학대가 의심되거나 아동의 소재, 안전이 확인되지 않는 경우 수사기관(112)에 신고	• 무단결석 아동에 대한 조치 결과 관리대장 작성 • 무단결석 아동 중 아동학대 신고 현황 교육청/시군구 보고

2022 기출 A-3-1),2) 다음의 빈칸을 채우시오.
- 2019년에 아동학대 예방과 피해아동을 돕기 위해 아동학대와 관련된 전반적인 업무를 수행하는 (아동권리보장원)을 설립하였다.
- 유아가 (2)일 이상 유치원을 무단결석하여 유아의 안전과 소재가 파악되지 않을 경우에는 112에 신고해야한다.
- 아동학대신고처리 절차도에서 '동행요청', '응급조치' 빈칸채우기

아동학대 신고의무자

신고의무자: 직무를 수행하면서 아동학대범죄를 알게 된 경우나 그 의심이 있는 경우에는 시,도,군,구 또는 수사기관에 즉시 신고하여야 함 「아동학대처벌법」 제 10조 제 2항

- **유치원장은 아동학대 신고의무자에게 아동학대 신고의무 교육을 매년 1시간 이상 실시함.**
  ① 교육내용: 아동학대 예방 및 신고의무에 관한 법령, 아동학대 발견 시 신고 방법, 피해아동 보호 절차
  ② 교육감 · 교육장은 아동학대 신고의무자에게 본인이 아동학대 신고의무자라는 사실을 고지할 수 있고, 아동학대 예방 및 신고의무와 관련된 교육을 할 수 있음.관리 · 감독기관에서는 연 2회 유치원 자체 교육실적 점검함
  ③ 교직원과 강사 등의 자격취득이나 보수교육 과정에서 아동학대 예방 및 신고 의무와 관련된 교육 내용을 포함하도록 함

- **유치원장은** 학교안전교육 영역 중 '폭력예방 및 신변보호를 위한 안전교육' 사항에 **아동학대 예방교육을 포함하여 해당 연도와 지난해의 유치원 계획에 대한 추진실적을 매년 3월 31일까지 교육감에게 보고해야 함.**
  실적 보고는 서식에 따라 1학기(8월31일)와 2학기(12월 31일)로 구분하여 제출해야 함. 교육부 학교안전정보센터 포털사이트 (http://www.schoolsafe.kr) 학교 안전교육 실적 보고에 입력해야 함

아동통합정보시스템

- 아동 개인별 서비스 지원 · 사례관리 · 돌봄 · 보호 이력 등 관련 정보를 통합 관리하는 정보시스템
- 아동 관련 정보의 통합적 분석, 기관 간 신속한 정보공유 · 연계를 통해 더 효과적인 서비스 및 사례관리 지원

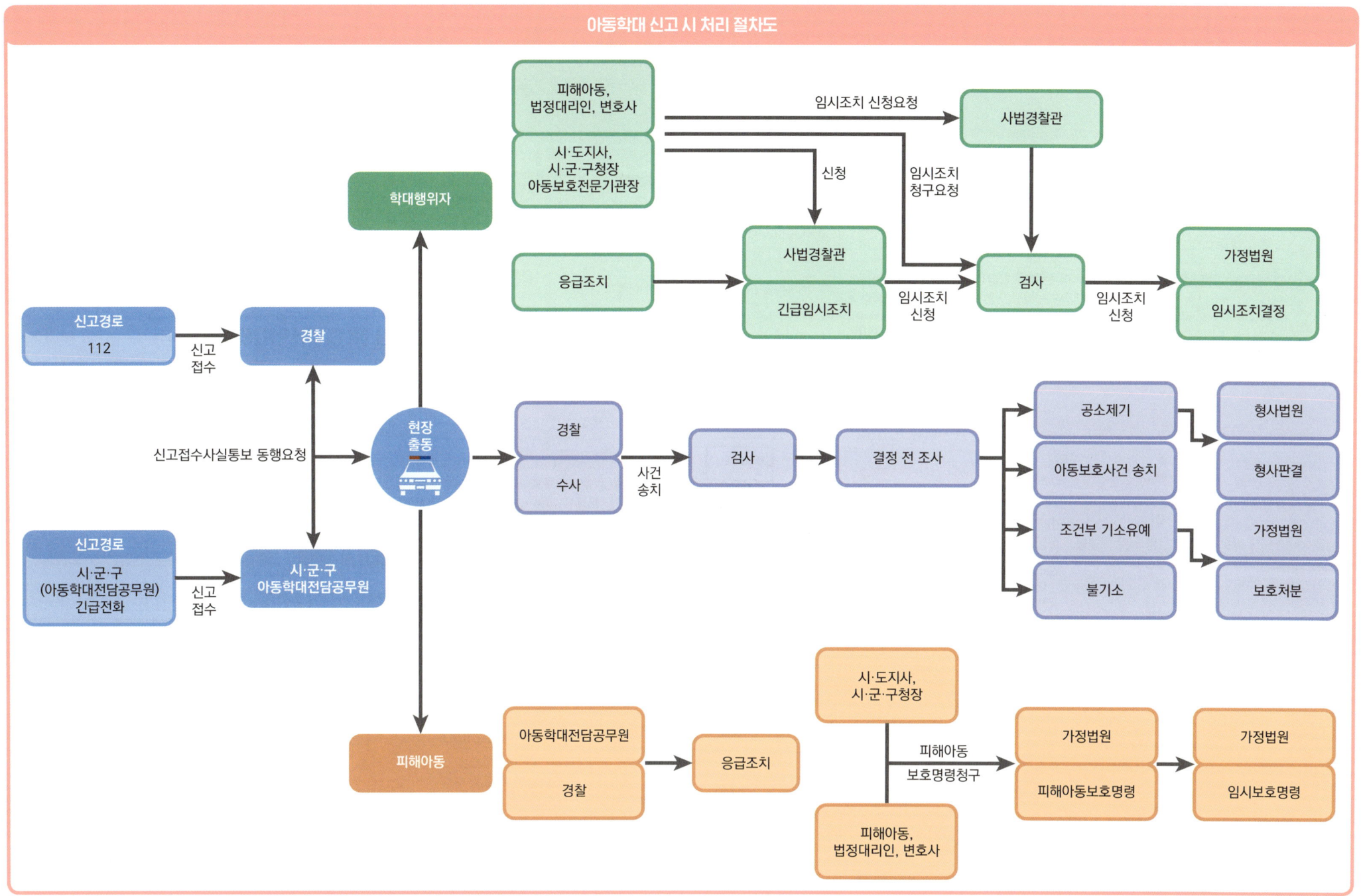

차시 감상

학습목표
나의 긍정적인 감정을 적절하게 대처하는 방법을 읽고 실천하여, 생활 속에서 즐기는 여가 태도를 기른다.

수기관리 감상 요소

사회관계	자기관리	신체활동

- 나를 알고 존중하기
- 나를 알고 존중하기
- 자신과 다름에 맞기
- 나의 감정을 존중하기
- 생활에 쉽게 표현하기
- 나의 감정을 존중하기
- 존중이 여긴다.
- 존중이 여긴다.

학습주제	학습의 중점
1. 감정을 존중하기	• 나의 감정을 꺼내 생각과 자신감 존중이 가는 마음을 존중다.
2. 스트레스 대처 및 해소 방법 알아보기	• 스트레스에 대처 및 해소하는 정신적인 감정을 대처할 수 있다. • 다른 사람의 감정에 대해 알려 감정한다. • 스트레스 이해하는 감정을 읽어든다.

[출처: 학교건강교육 7차 표준안 교육 자료집(교육부, 한국건강증진개발원, 2023)]

스트레스 대처 및 해소

학생이 나가 감정을 표현 때 대처 및 해소하는 정책적 방법: 잠시 쉬어가기, 인정하기, 인정하게 수고된 수 있다고 감정시 할 듯 쓰기, 좋아하는 것을 생각하기, 내가 좋아하는 놀이하기, 산책하기, 운동하기, 좋은곡을 듣기 하기 등 할 수가 해당이 나는 감정을 이완할 것이고, 그리고 감정에 표현할 것이 운동활동을 할 수 있도록 돕는다.

수중요 활동

• 내가 좋아 하는 모든 것
• 수중요 나의 감정을 자기기 위한 방법:
  - 나의 감정을 위해서 긍정적으로 운동하기
  - 나의 감정을 위해서 좋은 음식을 먹기
  - 물을 관심하게 하기
  - 정기적 휴식하기
  - 운동의 정하기

memo

가정폭력

가정폭력

학습목표: 가정폭력의 의미에 대해 알고 대처 방법에 대해 배운다.

누리과정 관련 요소

- **신체운동·건강** — 안전하게 생활하기: 안전사고, 화재, 재난, 학대, 유괴 등에 대처하는 방법을 경험한다.
- **신체운동·건강** — 안전하게 생활하기: 일상에서 안전하게 놀이하고 생활한다.
- **사회관계** — 더불어 생활하기: 가족의 의미를 알고 화목하게 지낸다

학습주제	학습의 중점
1. 가족의 소중함 알아보기	• 가족의 의미를 알고 소중한 마음을 가진다. • 가족과 화목하게 지내기 위한 방법을 알아본다.
2. 가정폭력의 의미 알아보기	• 가정폭력의 의미에 대해 알아본다. • 가정폭력이 일어나는 상황에 대해 알아보고 대처 방법을 배운다.

[출처: 학교안전교육 7대 표준안 교육 자료집(교육부, 학교안전공제중앙회, 2023)]

정의
- 가족 사이에 상대방을 통제하기 위해 반복적으로 여러 가지 폭력을 하는 행위를 의미한다.
- 힘을 이용해 힘이 약한 가족을 신체적인 폭력을 가하거나 소리를 지르는 등의 언어적인 폭력을 행사하는 것도 가정폭력에 포함된다.

대처 방법
- 폭력 상황이 발생하면 즉시 112 또는 아동안전지킴이집에 도움을 요청한다.
- 유치원 또는 어린이집 선생님에게 즉시 도움을 요청한다.

도움 기관
- 여성긴급전화 1366: 24시간 전화상담 가능, 경찰을 보내주거나 가족과 함께 피할곳을 안내한다.
- 중앙아동보호전문기관: 아동을 위해 특별한 보호와 지원을 하는 기관, 112, 1366과 상담후 연결가능하다.

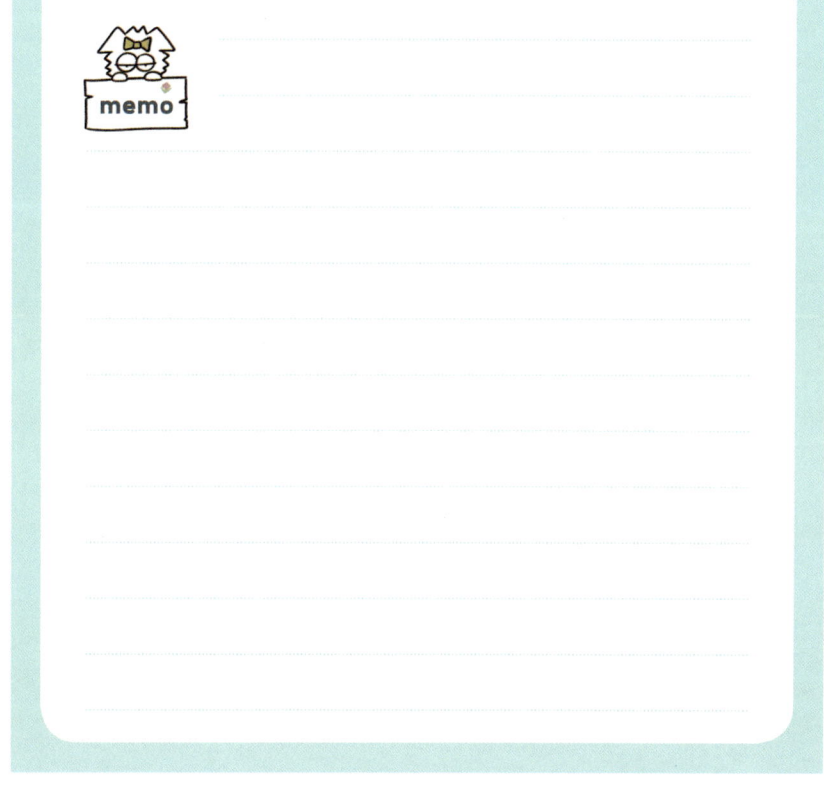

기본적인 운동

안정성 운동

몸이 공간에 고정되어 있는 상태에서 이루어지는 것, 몸의 축을 중심으로 가능한 움직임, 균형을 잡거나 유지하는 것, 몸을 기울이기, 굽히기, 뻗기, 꼬기, 돌기 등 ❶

정사적인 안정성

뻗기, 구부리기, 꼬기 등과 같이 움직임이 일어나지만 지지면이 바뀌지 않는 것, 제자리에서 일어나는 시간적 변화로 몸의 자세를 바꾸는 것 ❶ 밀기, 당기기, 비틀기, 버티기, 몸의 균형을 유지하며 이동하지 않고 물구나무서기, 평균대 위에서 균형잡기 등

동사적인 안정성

그림자처럼 이리저리 움직이며 상대편으로부터 자신을 보호하는 것, 몸의 축을 이동시키며 방향전환을 하거나 앞뒤, 좌우로 재빨리 움직이는 것, 공중동작 ❶ 피하기, 재빨리 방향 바꾸기, 구르기, 공중에서 균형잡기, 사이드 스텝하기, 대체를 가누기 훈련, 평균대 위에서 걷기, 피벗하기 등

조작적인 이동

신체의 일부나 도구를 이용하여 사물을 조작하는 것, 사물을 다룰 때 손이나 발을 사용하는 것 ❶ 던지기, 때리기, 치기, 차기, 튀기기, 굴리기, 잡기, 드리블하기, 받기, 트래핑 등

조작적인 안정성

신체가 정지되어 있는 상태에서 사물을 이용하거나 조작하는 것 ❶ 공 던지고 받기, 공 없이 하는 야구 배팅 시늉, 제자리에서 공을 차거나 치는 것 등

이동

사람이나 사물을 한 장소에서 다른 장소로 옮기는 것 ❶ 이동 방식에 따라 걷기, 뛰기, 달리기, 던지기, 드리블하기 등으로 구분할 수 있음

이동 운동

사람이나 사물의 위치가 변화하는 것, 제자리에서 이동하지 않고 신체 한 부분의 방향을 바꾸거나 대공간을 이용하여 이동하는 것 ❶ 걷기, 달리기, 두발 뛰기, 한발 뛰기, 말뛰기, 교차뛰기, 미끄러지기 등

memo

4. 약물 및 사이버중독예방 교육

학교안전교육 실시 기준 등에 관한 고시 [시행 2020. 1. 1.] [교육부고시 제2019-214호, 2020. 1. 1., 일부개정]			
교육시간		교육내용	교육방법
10		1. 올바른 약물 사용법 알기 2. 생활 주변의 해로운 약물·화학제품 만지거나 먹지 않기 3. T.V, 인터넷, 통신기기(스마트폰 등) 등의 중독 위해성을 알고 바르게 사용하기	1. 학생 발달 수준을 고려한 전문가 또는 교원 설명 2. 학생 참여 수업 방법 연계 적용 (예 역할극, 프로젝트 학습, 플립러닝 등) 3. 교내외 체험교육 또는 현장학습 4. 일상생활을 통한 반복 지도 및 부모 교육 연계
횟수		
학기당 2회 이상		

[아동복지법 시행령 별표 6 교육 기준] 〈개정 2022.6.21.〉 감염병 및 약물의 오용·남용 예방 등 보건위생관리 교육			
교육시간		교육내용	교육방법
연간 10시간 이상		1. 감염병 예방을 위한 개인위생 실천 습관 2. 예방접종의 이해 3. **몸에 해로운 약물 위험성 알기** 4. **생활 주변의 해로운 약물·화학제품 그림으로 구별하기** 5. **모르면 먼저 어른에게 물어보기** 6. **가정용 화학제품 만지거나 먹지 않기** 7. **어린이 약도 함부로 많이 먹지 않기**	1. 전문가 또는 담당자 강의 2. 시청각 교육 3. 사례 분석
횟수		
3개월에 1회 이상		

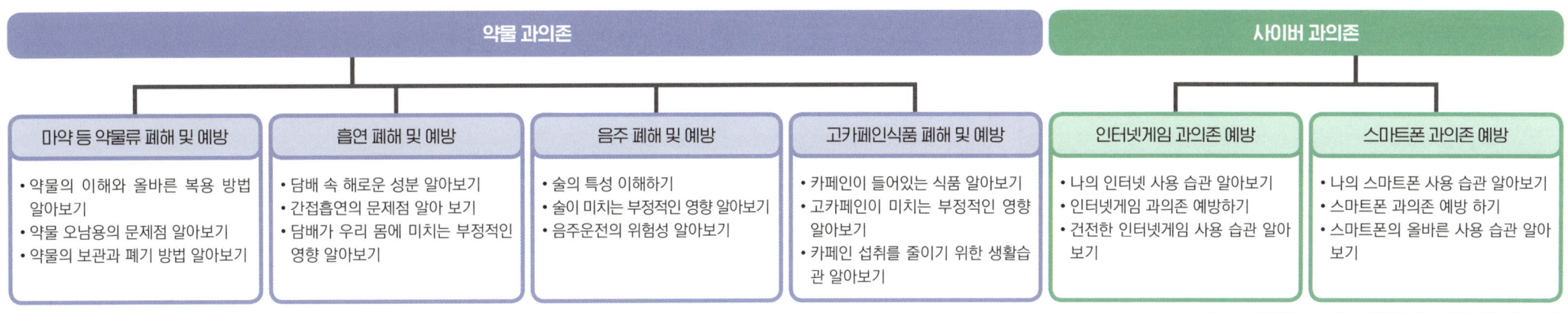

[출처: 학교안전교육 7대 표준안 교육 자료집(교육부, 학교안전공제중앙회, 2023)]

약물 오·남용

마약 등 약물로 발생해 및 예방

학습목표
약물의 이해와 종류 사용 방법 효과와 부작용을 통해 건강한 사용방법을 설명한다.

주기지식 관련 요소

시사인지·감각	시사인지·감각	인지능력
건강하게 사용하기	안전하게 사용하기	알기의 과정 관련 가지기
약물 등등 가지고 대해 건강하게 사용하는	약물을 예방하고 안전하게 사용한다.	약물의 수집, 분자 등의 읽기에 관심을 가진다.

[출처: 생교과정교육 7차 표준보육 교육, 자료집(교육부, 학교안전공제중앙회, 2023)]

학습주제	학습의 중점
1. 약물이 이해와 다양한 약물 종류 알기	• 아이 건강에 따라 다양한 약물 예방 영향을 알 수 있다. • 예방물의 중요성과 필요성을 알려준다.
2. 약물 복용의 과정과 효과 알기	• 약물 사용에 따라 몸에 일으나는 변화에 대해 알 수 있다. • 사용 전후 사용에 따른 및 환경을 해서 사용할 경우 있음을 알 수 있다.
3. 약물의 위험성과 예방 알기	• 약물의 위험성에 대해 알려 준다. • 약물을 사용할 때 얻는 위험으로 일어날 수 있는 부작용을 알 수 있다.

개념

약
병적인 질환이나 상태의 예방, 진단, 치료 등 질병의 증상이나 원인을 없애거나 줄이는 데 쓰이는 물질

약이 작용
약 사용으로 신체적 증상이나 기능의 변화가 나타나 질병이나 상태의 예방, 진단, 치료 등 유익한 효과를 얻는 것

약물 기준과 종류
- **주성분**: 기대하는 효과를 나타내는 성분
- **사용량**: 주사제를 제외한 모든 의약품은 종류가 있고 원인을 유발할 수 있는 부작용 가능성 반영 용량 사용량

약물 의존과 중독
- **약물 의존**: 약물이 없이도 지속적으로 복용하고 싶어하는 상태
  - 아동이 일정한 시간에 지속적으로 사용하게 되는 경우 의존이 유발될 수 있음
- **중독**: 약물이 신기에 대해 과도하게 사용되어 가지 가지 부작용을 일으키는 상태
  - 아동이 자신도 모르는 사이에 과다 복용하거나, 또는 타인의 권유나 관심 받기 위해 다른 사람이 복용하는 것을 이용하기도 함

올바른 약물사용

올바른 약물 사용법
- 약이 이름 → 약물을 복용하는 아이 이름에 맞는가?
- 투여방법 → 약물이 복용하는 아이 맞는가?
- 주의사항 → 약물이 복용하는 아이 맞는가?
- 용량·시간 → 사용하여 적당한 시간 맞는가?
- 유효기간 → 약물을 사용해도 되는 시간 맞는가?

아이는 자신 의사가 정확지 않기 때문에, 약물을 복용할 시 주의가 필요하다.

① 아이 사용하여 있는 약 이름이 이름, 약명, 사용기간(유효기간) 등을 확인한다. (약이 예방사 이용을 주의하여)
② 아이에게 사용하기 전에 아이의 이름을 확인한다.
③ 아이에게 사용하기 전에 약이 사용방법을 확인한다.
④ 아이에게 사용하기 전에 약이 사용시간을 확인한다.
⑤ 아이에게 사용하기 전에 약이 사용량을 확인한다.
⑥ 아이의 약 복용 후 아이 상태에 이상이 없는지 자세하게 돌본다.

영유아기 건강에서의 약물 사용예방법

- 다른 경우 사기적 정당화를 당기가 있는 경우 대상으로 한다.
- 시판의 손이 맞지 않을 곳에 보관한다.
- 가공식 시 가정 방문 방문은 5~14일이 적정하다.
- 약물 중 사용법
  (항생제 경우, 중독 등)
- 가정상약을 사용할 때 사용에 대한 설명을 듣고 알맞게 사용한다.
- 가정에서 사용된 약이 내용 사용의 가지기 때의 사기가 드문 곳에 안전하게 버린다.
- 약이 다른 가정에서 사용을 같아 앉아도 공동 사용하지 않고 반드시 마지막에 남은 약을 확인한다.
- 약이 복용 시 약이 사용방법과 유효가간을 꼭 확인한다.
- 는 약이 유효기간 당긴 약이 가장 효과가 좋다.

기억
의 성장에 따른 발달 지원과 건강 안전에
활발 할 수 있도록 지원의 12조 2006

용어

약물의 오용 (drug misuse)

정의
- 의학적인 목적으로 의사나 약사의 처방에 따르지 않고, 사용자 임의로 사용하는 것
- 약물을 바른 용도로 사용하지 못하고 사용자가 부주의하여 잘못 사용하는 것

사례
- 이전 질병에 사용했던 약을 다른 질병에 그대로 사용하는 일
- 다른 사람이 처방받은 약을 사용하는 일
- 오래된 약(유효기간이 지난 약)을 사용하는 일
- 약의 사용 방법을 의사의 지시에 따르지 않는 일
- 하루에 세 번 나누어 복용하는 약을 한 번에 다 복용하는 경우
- 배가 아프다고 진통제를 복용하였다가 위염이나 위궤양이 발병하는 경우
- 소화 불량을 치료하기 위하여 항생제(마이신)를 사용하여 오히려 증상을 악화시키는 경우

약물의 남용 (drug overuse)

정의
- 사용자가 약물을 의도적으로 약물의 원래 사용 목적이 아닌 다른 목적으로 사용하는 것
- 의학적 상식, 법규, 사회적 관습으로부터 일탈하여 약물을 사용하거나 과잉으로 사용하는 행위

사례
- 오남용이 쉬운 약물: 카페인, 감기약, 항생제, 스테로이드제 등
- 어린이가 커피나 진통제 등 약국 약을 자주 사용하는 일
- 미성년자(청소년)가 술을 마시거나 담배를 피우는 일
- 법으로 금지된 약물을 사용하는 일
- 원래의 목적이 아니라 부작용을 경험하려고 일부러 사용하는 경우(접착제, 본드, 부탄가스 등)
- 법으로 금지된 약물은 아니라도 사용자의 정상적인 생활에 지장을 주고 사용자 본인과 주변 사람들에게 피해를 주는 약물을 사용하는 일 (예 성인의 알코올 남용)

참고
의약품 부작용 보고 및 피해구제 상담센터
1644-6233 또는 14-3330
(가까운 지역의약품안전센터 방문 및 전화상담)

안전상비의약품: 일반의약품 중 환자 스스로 판단하여 사용하는 의약품으로 약국 외(편의점 등)에서 판매되는 의약품

보관과 폐기

약 보관 방법
- 어린이 손에 닿지 않는 곳에 보관한다.
- 직사광선을 피하고 서늘하고 건조한 곳에 둔다.
- 약은 설명서와 포장 상태 그대로 보관한다.

안전하게 버리는 방법
가까운 약국의 '폐의약품 수거함'에 버린다.

어린이 보포포장

「생활화학제품 및 살생물제의 안전관리에 관한 법률(약칭: 화학제품안전법)」
제3조(정의) 3. "생활화학제품"이란 가정, 사무실, 다중이용시설 등 일상적인 생활공간에서 사용되는 화학제품으로서 사람이나 환경에 화학물질의 노출을 유발할 가능성이 있는 것을 말한다.
제9조(안전확인대상생활화학제품의 안전기준) ① 환경부장관은 안전확인대상생활화학제품에 대하여 종류별로 위해성 등에 관한 안전기준을 정하여 고시할 수 있다.

「안전확인대상생활화학제품 지정 및 안전·표시기준」
제2조(정의) 6. "어린이보호포장"이란 성인이 개봉하기 어렵지는 아니하지만 만 5세 미만의 어린이가 일정 시간 내에 내용물을 꺼내기 어렵게 설계·고안된 포장 및 용기를 말한다.
제6조(표시기준) ① 법 제10조제8항 및 같은 법 시행규칙 제7조에 따라 안전확인대상생활화학제품의 겉면 또는 포장에 표시하여야 하는 사항은 별표 5와 같다.
② 제1항에 따른 표시사항을 안전확인대상생활화학제품의 겉면 또는 포장에 표시하기 위한 구체적인 방법은 별표 6에서 정하는 바에 따른다.

어린이보호포장

[그림 1] 어린이 보호포장의 표시 도안
[별표 6] 안전확인대상생활화학제품 표시 방법

「전기용품 및 생활용품 안전관리법 시행규칙」
[별표 9] 안전인증, 안전확인신고, 공급자적합성확인 및 어린이보호포장의 표시방법

안전인증번호:
안전확인 신고번호:
어린이보호포장신고확인번호:

약물 과의존 흡연 폐해 및 예방

학습목표 흡연(신종담배 포함)의 위험성을 알고 흡연에 대한 올바른 인식과 태도를 가진다.

누리과정 관련 요소

신체운동·건강	신체운동·건강	자연탐구
건강하게 생활하기 몸에 좋은 음식에 관심을 가지고 바른 태도로 즐겁게 먹는다.	**건강하게 생활하기** 질병을 예방하는 방법을 알고 실천한다.	**생활 속에서 탐구하기** 물체의 특성과 변화를 여러 가지 방법으로 탐색한다.

학습주제	학습의 중점
1. 담배 속 해로운 성분 알아보기	• 담배 속에 들어있는 해로운 물질에 대해 관심을 가진다. • 금연의 필요성을 알 수 있다.
2. 간접흡연의 문제점 알아보기	• 직접흡연 및 간접흡연의 의미를 안다. • 흡연으로부터 나를 보호하는 방법을 알아본다.
3. 담배가 우리 몸에 미치는 부정적인 영향 알아보기	• 담배가 우리 몸에 미치는 해로움에 대해 알아본다. • 주변 어른들에게 금연과 흡연 예방 실천을 위해서 '금연포스터'를 만들어본다.

[출처: 학교안전교육 7대 표준안 교육 자료집(교육부, 학교안전공제중앙회, 2023)]

간접흡연의 위해성

↳ 담배의 성분을 알아보고 익히는 것보다 담배 속에 유해한 성분들이 있고, 그것이 연기를 통해 몸에 들어가 건강을 해칠 수 있다는 것에 초점을 두어 설명한다.

• 담배연기 노출에 안전한 수준은 없으며 담배연기를 완전히 제거해야 한다.
• 담배 연기가 어느 정도 수준 이하로 관리되는 것을 넘어 '없어야' 한다.
• 집이나 유치원, 어린이집 등 건물의 실내에서는 아무리 구석이나 화장실에서, 문이 닫힌 곳에서 흡연하더라도, 그리고 연기가 없는 신종담배를 흡연하더라도 이러한 연기내 위해성분과 초미세먼지는 곧 실내로 전파된다.
• 유아는 가정 및 공공장소에서 자신의 의지와 상관없이 간접흡연에 노출되고 있다. (냄새가 나면 비흡연자들이 인지하고 피할 수 있지만, 신종담배는 오히려 간접흡연에 무방비로 노출될 수 있어 위험하다.)
• 흡연자들은 자신의 날숨이나 주위 공기에서 담배 냄새가 나는 것을 잘 알아차리지 못할 수 있으므로, 유아교육현장이나 가정과 같이 유아들을 돌보는 곳에서는 아이들을 위해서라도 서로 조심하고 일깨워줄 필요가 있다.
• 유해물질은 흡연자의 몸, 옷, 폐속에 여전히 남아있어서 눈에 보이는 담배연기와 냄새는 사라져도 흡연자의 폐 속에 남아있는 유해물질은 흡연자와 함께 이동하므로 흡연한 사람이 실내 공간에 같이 있으면 간접흡연 상태라고 봐야 한다.
• 담배연기, 전자담배 연기는 다량의 미세먼지를 함유하고 있다. 전자담배 연기의 초미세먼지는 서울에서 미세먼지가 최악일 때 농도의 12~56배에 해당한다.

2차, 3차 간접흡연

간접흡연

• 자신이 아닌 다른 사람이 피우는 담배 연기에 노출되는 것
• 흡연자의 담배 연기에 노출되는 2차 간접흡연뿐만 아니라, 3차 간접흡연도 문제가 되고 있음
• 2차 간접흡연 노출 시 폐암 발생 위험이 20~30% 심장관상동맥질환 위험이 25~30% 높아짐

3차흡연

• 흡연자가 담배를 피운 후 공간 표면이나 먼지에 남아있는 오염물질 및 환경에서 다른 물질과 반응해 만들어진 2차 오염물질 등을 비흡연자가 들이마시거나 접촉하여 피부를 통해 흡수되는 것
• 실내에 담배 연기가 있으면 옷, 소파와 같은 가구 등 물건들, 그리고 집안 먼지에 니코틴이 남아있게 되어, 만성적으로 간접흡연 노출을 일으키게 됨
• 실내 흡연한 경우 집을 깨끗하게 청소해도 3차 흡연으로 인한 유해물질은 수개월간 먼지와 함께 지속됨
• 3차 흡연으로 인해 집안에 남아있는 유해물질은 가족 구성원 뿐 아니라, 반려견, 반려묘, 어항에서 기르는 물고기, 새, 기니피그 햄스터 등 모든 반려 동물에게 치명적이며, 암의 위험을 높임

[출처: 유아 흡연위해예방교육 교사교육 심화과정, 보건복지부, 국가금연지원센터(한국보육진흥원, 2020)]

유아 흡연예방교육을 위한 교사의 역할

예방교육

- 유아교사는 교육전문가로서 유아 흡연위해예방교육을 통해 흡연환경으로부터 유아의 건강한 성장을 도모해야한다.
- 직접흡연 뿐 아니라 간접흡연 위해성에 대한 경각심을 심어줄수 있도록 하고 2, 3차 간접흡연으로부터 자신의 몸을 보호할 수 있도록 한다.

유의사항
- 지나친 공포심을 주지 않도록 주의한다.
- 금연을 권유하는 것은 바람직하지만 가족들이 금연에 성공하지 못하더라도 이는 유아들이 책임질일이 아니며, 실패한 것은 아니라는 것을 설명한다(그만큼 금연이 어려운 일이므로 예방이 최선임을 강조한다)
- 흡연자를 '나쁜사람', '피해를 주는사람'으로 표현하지 않는다.
- 금연은 여러 번 실패 후 장기간에 걸쳐 성공하기도 하므로 기다려주여야 한다.
- 담배에 친근감을 주거나 긍정적인 느낌을 주는 표현은 피한다(담배친구, 구름과자 라는 표현 금지)
- 일회성의 교육으로 목적과 목표를 달성할 수 없으므로 가정 연계 활동 등으로 지속적으로 진행하도록 충분히 안내한다.

[출처: 유아 흡연위해예방교육 교사교육 심화과정, 보건복지부, 국가금연지원센터(한국보육진흥원, 2020)]

간접흡연의 예방 접근방법 3단계

영유아 니코틴 중독은 주로 전자담배 액상 니코틴이나 간접흡연으로 발생한다.
① **인적 접근 방법**: 가장 많이 노출되는 장소인 가정 내 흡연을 줄이도록 한다.
② **사회적 접근 방법**: 식당, 카페, 버스 정류소, 공원 등 공공장소에서 흡연을 제한 또는 금지하도록 노력한다.
③ **국가적 접근 방법**: 「국민건강증진법」이나 판례 조례 등에 의해 2015년 1월 1일부터 모든 영업소가 금연구역으로 지정되었다.

운동과 건강

운동 및 신체 활동

학습목표 운동 특성을 이해하고 몸에 맞는 규칙적인 마라톤 운동과 건강증진을 위한 신체적인 운동의 이점을 알아본다.

마라톤과 건강증진 요소

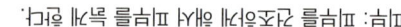

신체활동·건강	신체활동·건강	의사소통
건강하게 생활하기	건강하게 생활화기	틈기의 활용하기
운동을 테마로 가지고 장점들	건강증진을 예방하는	자신의 경험, 느낌,
에게 운동 효과는	운동을 말하며 말고	생각을 말한다.
증진케 한다.	공감을 얻어낸다.	

학습내용

학습주제	학습의 중점
1. 운동 특성 이해하기	• 운동 효과 증진 알맞은 운동을 알아본다. • 몸에 맞는 친구 동의 차이를 알아본다.
2. 몸에 맞는 마라톤 운동을 알아보기	• 몸에 맞는 마라톤 운동을 알아본다. • 일 중 많은 마라톤 장비에 가져가는 모든 수 있는 것을 알아본다.
3. 운동효과의 이해하기 알아보기	• 운동 특성 이해하고 이해하는 것을 알아본다. • 운동효과의 이해하고 사용할 수 있게 알아본다.

[출처: 학교건강검사 기준 표준운동 교육 자료집 (교육부, 학교건강검진연구원, 2023)]

운동

운동 특성
- 운동활동 1% 이상 운동상승 음음
- 과정하는 마라톤이나 골프 또는 마라톤이 어렵고 있어서 상품을 제공하지 가는 운동

몸에 미치는 건강증진 영향

- 운동으로 인정함 것이라 장정된 영향이 돌아 이상이 있다. 마라톤, 인기 등은 많은 운동들이 운동에 대해 어느 정도 운동을 마라톤으로 가져가고 이유가 있기에 상품을 제공하고 있다.
- 운동 후 마시는 마라톤, 공기, 아오, 아이스뻐리 등 운동에 알맞은 음식을 먹을 수 있다.

이 이상은 운동이다.
- 근: 이어 활동을 사용하여 많은 근거 혼합을 찾기 한다.
- 간: 간에 자원이 많기 영양을 얻는다.
- 뇌: 뇌가 상승하고, 많은 시에 수치를 이해한다.
- 자장: 그렇같이 얻고, 자원을 얻기 한다.
- 패: 공원이 빼앗거나 많은 음식들 반으해 배가 이완한다.
- 피부: 피부 알거하게 해시 피부를 볼게 본다.

운동적인 이상영향
- 운동적인 이상영향 동동 마라톤 알고 하기 수
- 이상영향 이상영향의
- 미 운동으로 대한 이해하여 얻 이상영향 수가 사고 한다. 건강증진 및 운동적인 이해하는 미 운동활동은 이해하여 것이 있어 마라톤스 가장자이

memo

약물 과의존 고카페인식품 폐해 및 예방

학습목표: 카페인이 들어있는 식품이 우리 몸에 해롭다는 것을 알고, 카페인이 들어있는 식품 대신 건강한 식품을 선택할 수 있다.

누리과정 관련 요소

- **신체운동·건강** — 건강하게 생활하기: 몸에 좋은 음식에 관심을 가지고 바른 태도로 즐겁게 먹는다.
- **신체운동·건강** — 건강하게 생활하기: 질병을 예방하는 방법을 알고 실천한다.
- **의사소통** — 듣기와 말하기: 자신의 경험, 느낌, 생각을 말한다.

학습주제	학습의 중점
1. 카페인이 들어있는 식품 알아보기	• 카페인이 들어있는 식품을 구분할 수 있다. • 고카페인식품 대신 건강한 식품을 선택할 수 있다.
2. 고카페인이 미치는 부정적인 영향 알아보기	• 카페인이 들어있는 식품이 몸에 해롭다는 것을 안다. • 카페인 과의존의 의미와 위험성을 안다.
3. 카페인 섭취를 줄이기 위한 생활습관 알아보기	• 카페인 섭취를 줄이기 위한 노력을 할 수 있다. • 카페인 과의존을 예방하기 위한 방법을 안다.

[출처: 학교안전교육 7대 표준안 교육 자료집(교육부, 학교안전공제중앙회, 2023)]

카페인

카페인
- 커피나무, 차 잎 등에 함유된 성분으로 식품 및 의약품의 원료로 많이 사용한다.
- 섭취 시 인간의 신경계에서 반응하여 정신을 각성시키고 피로를 줄이는 등의 효과가 있다.
- 카페인은 적당량 섭취하게 되면 피로 회복을 도와주고 정신을 맑게 하며 소변 배출을 원활하게 해 주어서 체내 노폐물 제거를 돕는다.
- 하지만 카페인이 들어간 음료나 음식을 많이 먹으면 불안감을 느끼고 메스꺼움, 수면장애, 가슴 두근거림, 복부 경련 등이 일어날 수 있다.

카페인이 들어있는 식품
커피, 초콜릿, 탄산음료, 코코아, 녹차, 홍차, 에너지음료, 아이스크림, 차, 자양강장제, 감기약 등 다양한 형태로 섭취 가능
↳ 유아들이 자주 접하는 초콜릿, 탄산음료, 아이스크림 등에도 들어있다는 것을 알 수 있도록 지도한다.

카페인이 신체에 미치는 영향
- 성장에 필요한 물질인 칼슘과 철분을 소변으로 배출시켜 성장에 나쁜 영향을 미친다.
- 잠이 잘 오지 않는다.
- 소변이 자주 마려워진다.
- 심장이 빨리 뛰고 초조하거나 불안해진다.
- 구토가 나거나 속이 메스꺼워진다.
- 식욕이 떨어진다.

카페인 과의존 현상
- 더 자주 더 많은 카페인을 찾게 된다.
- 카페인이 들어있는 음식을 먹지 않으면 졸리거나 예민해진다.

카페인 과의존의 위험성: 신경과민, 근육 경련, 불면증 및 가슴 두근거림 증상, 칼슘 불균형으로 성장 저해 유발

카페인 섭취 줄이기 요령
- 커피나 녹차, 초콜릿이 들어있는 간식 피하기
- 카페인이 들어있는 음식을 많이 섭취한 경우 3일 정도는 먹지 않기
- 음료수를 선택할 때는 영양 성분 표시를 확인하기
- 제품에서 카페인 문구 찾아보기
- 탄산음료 대신 탄산수 마시기
- 졸음이 오거나 목이 마를 때는 고카페인 음료 대신 물 마시기
- 가공식품보다 제철 과일이나 채소 먹기
- 충분한 수면과 적당한 운동하기
- 약과 함께 섭취하지 않기
- 하루 카페인 권고량 이하로 섭취하기

19세 이하 어린이 및 청소년의 하루 카페인 섭취 제한량: 체중 1kg당 2.5mg 이하

판결 례

카페인이 들어있지 않은 식품을 나타내는 아이가 기호식품 공정인증 마크	그 카페인이 함유된 식품의 표시 및 문구
 가. 준수 사항 1. 표시기준 [별표 4] 공정인증식품의 표시기준 및 문구(제10조 관련) 제10조(공정인증식품 등) 공정인증식품의 표시기준 및 문구는 별표 4와 같다. 「어린이 식생활안전관리 특별법 시행규칙(약칭: 어린이식생활법 시행규칙)」	「어린이 기호식품 등의 영양성분과 그 카페인 함량 및 표시기준 및 문구 표시」 제10조(그 카페인 함유 식품의 표시 및 문구)법 제12조제2항에 따른 그 카페인 함유 식품의 영양성분 및 표시기준 및 문구는 별표 3과 같다. [예시도 별표3] 그 카페인함량 000mg 그 카페인함량 000mg 「어린이 식생활안전관리 특별법」제11조에 따른 영양성분 표시, 제12조에 따른 영양성분의 영양성분 표시, 영양성분 표시 및 제12조의2에 따른 그 카페인 함유 식품의 표시를 하려는 경우에는 제11조, 제12조 및 제12조의2에 따른 그 카페인 함유 식품의 영양성분 및 기준들을 정하고 있다.

memo

62

사이버 과의존 — 인터넷게임 과의존 예방

학습목표: 인터넷게임의 올바른 이용수칙에 대해 알아보고 인터넷게임 과의존을 예방할 수 있다.

누리과정 관련 요소

- **신체운동·건강** — 안전하게 생활하기: TV, 컴퓨터, 스마트폰 등을 바르게 사용한다.
- **신체운동·건강** — 건강하게 생활하기: 질병을 예방하는 방법을 알고 실천한다.
- **자연탐구** — 생활 속에서 탐구하기: 도구와 기계에 대해 관심을 가진다.

학습주제	학습의 중점
1. 나의 인터넷 사용 습관 알아보기	• 일상생활에서 인터넷을 사용하는 습관을 점검해본다. • 인터넷을 사용할 때 지켜야 할 예절에 대해 알아본다.
2. 인터넷게임 과의존 예방하기	• 인터넷게임 과의존에 대해 알아본다. • 인터넷게임 과의존을 예방할 수 있는 방법을 알아본다.
3. 건전한 인터넷게임 사용 습관 알아보기	• 인터넷게임을 올바르게 사용하는 방법에 관심을 가진다. • 인터넷게임을 올바르게 사용하는 방법을 알고 실천해본다.

[출처: 학교안전교육 7대 표준안 교육 자료집(교육부, 학교안전공제중앙회, 2023)]

사이버과의존

개념
스마트폰, 인터넷 사용에 대한 금단과 내성을 지니고 있으며 이로 인해 일상생활의 장애가 유발되는 상태

용어
- **금단**: 자극 차단 시 불안함과 초조함을 느끼는 상태
- **내성**: 동일한 만족을 얻기 위해 더 많은(강한) 자극이 필요한 증세
- **일상생활 장애**: 스마트폰(인터넷)의 과다한 사용으로 가정, 학교 등 일상생활에 부정적 영향을 미치는 현상(가족 간의 갈등 등)

과의존(중독)이 미치는 영향

① **심리적 영향**: 다양한 심리적 변화나 우울, 불안 등의 증상을 보임
- 접속하지 못하면 짜증과 신경질이 나고 우울, 불안, 초조함 등 심리적 불안정과 충동적 행동이 나타나며 현실 구분 장애를 경험
- 심할 경우, 주의력결핍과잉행동장애(ADHD), 주요우울장애(MDD), 사회공포증, 강박장애, 물질과의존등 공존질환 발생가능

② **관계, 행동적 영향**: 가상세계에 몰입하여 일상적 대인관계가 악화하거나, 일탈적 행동을 하게 됨
- SNS나 가상세계의 인간관계를 가족, 친구등 주변의 관계보다 더 소중히 여겨 주변 사람들에게 무관심하고 소홀하게 됨
- 게임 아이템 구입 등을 위해 거짓말을 하거나, 인터넷 이용을 못하게 하면 폭력적이거나 충동적인 행동을 함

③ **신체적 영향**: 장시간 스마트폰의 사용으로 VDT 증후군, 뇌기능 저하, 수명장애등 다양한 신체적 기능 영향 및 장애 발생

[출처: 스마트폰, 인터넷, 게임 과의존 과몰입 예방, 해소 프로그램, 나와라. 스마트폰, 세상 밖으로(스마트쉼센터, 2016)]

VDT(Visual Display Terminal) 증후군

PC, 스마트폰 등의 디스플레이를 장시간 시청하여 생기는 거북목, 목디스크, 손목터널 증후군과 안구건조증 등 증상을 총칭

- **거북목 증후군**: 눈높이보다 낮은 화면을 거북목처럼 목을 길게 빼는 자세로 오랫동안 내려다봄에 따라 생기는 증상
- **손목터널 증후군**: 뼈와 인대로 이루어진 작은 통로(손목터널)를 지나는 신경이 눌려 감각 이상이 오는 증상
- **안구건조증**: 전자기기 사용으로 인한 안구건조증
- **소음성 난청**: 휴대용 음향기기의 주이용층인 청소년층의 난청
- **전두엽 기능 저하**: 충동 조절 기능을 담당하는 전두엽 기능이 저하
- **디지털 치매**: 디지털 기기에 지나치게 의존하여 기억력과 계산능력이 저하되는 현상
- **수면장애 및 만성피로**를 느끼게 되며 기타 영양 결핍, 비만, 체력 저하, 긴장성 두통, 위장장애 등의 문제 발생

2009 기출 객관식 18) 유아를 위한 전자 미디어 교육의 내용을 범주로 나눈 것을 보고 각 범주와 <보기>의 활동을 바르게 짝지은 것을 찾으시오.

2005 기출 주관식 3) 텔레비전 시청이 유아에게 미치는 긍정적, 부정적 영향을 각각 2가지씩 쓰고, 가정과 연계하여 지도해야 할 내용 3가지를 쓰시오.

인터넷

장점
여러 가지 정보 및 유익한 교육 영상 제공, 편리한 물건 구입 등

단점
오랜 시간 사용 시 여러 가지 질병 유발, 계속하고 싶어짐 등

사용습관

유아들은 인터넷게임을 처음부터 접하기보다 인터넷 사용이 친숙해 진 후 게임에 과의존하는 경향이 있으므로 처음에는 유아들의 인터넷 사용습관을 알아보다가 과의존 증상에 관한 내용으로 자연스럽게 지도한다.
- 부모님의 지도에 따라 인터넷 사용하기
- 정해진 시간만큼 인터넷 사용하기
- 인터넷게임은 바른 자세로 사용하기
- 눈을 자주 깜빡이고, 먼 곳 바라보기
- 인터넷게임 대신, 친구들과 재미있는 놀이하기
- 다른 놀이 보다 인터넷 사용 시간이 많지 않은지 점검해보기
- 인터넷을 하면서 자세가 안 좋아지거나 눈이 나빠지지 않았는지 점검해보기
- 인터넷을 계속하고 싶은 마음 때문에 부모님과 싸운 적이 없는지 점검해보기

인터넷 과의존

정의

- 인터넷게임이 일상생활에서 가장 우선시 되는 활동이 되고(현저성) 이용조절력이 감소(조절실패)하여 신체적·심리적·사회적 문제를 겪는(문제적 결과) 상태
- 2020년 「지능정보화 기본법」 개정으로 인해 '인터넷 중독'을 '지능정보서비스 과의존'으로 용어가 변경됨에 따라 '인터넷 게임 과의존'이라는 용어로 사용

특징

- 안구건조증 및 시력 저하
- 신체 활동량 감소로 인한 질병 발생: 소아 비만 및 신체 발달 저해

사이버 과의존 — 스마트폰 과의존 예방

학습목표: 스마트폰을 사용하는 올바른 이용수칙에 대해 알아보고, 스마트폰 과의존을 예방할 수 있다.

누리과정 관련 요소

- **신체운동·건강 — 안전하게 생활하기**: TV, 컴퓨터, 스마트폰 등을 바르게 사용한다.
- **신체운동·건강 — 건강하게 생활하기**: 질병을 예방하는 방법을 알고 실천한다.
- **자연탐구 — 생활 속에서 탐구하기**: 도구와 기계에 대해 관심을 가진다.

학습주제	학습의 중점
1. 나의 스마트폰 사용 습관 알아보기	• 일상생활에서 스마트폰을 사용하는 습관을 점검해본다. • 스마트폰을 사용하는 습관의 문제점을 알아본다.
2. 스마트폰 과의존 예방하기	• 스마트폰 과의존에 대해 알아본다. • 스마트폰 과의존을 예방할 수 있는 방법을 알아본다.
3. 스마트폰의 올바른 사용 습관 알아보기	• 스마트폰을 올바르게 사용하는 방법에 관심을 가진다. • 스마트폰을 올바르게 사용하는 방법을 알고 실천해본다.

[출처: 학교안전교육 7대 표준안 교육 자료집(교육부, 학교안전공제중앙회, 2023)]

스마트폰 과의존 예방교육

지능정보서비스 예방 교육내용
- 지능정보서비스 과의존 현황 및 사례
- 지능정보서비스 과의존 예방 및 시간 관리 방법
- 유해 인터넷 환경에 대한 변별방법
- 그 밖에 지능정보서비스 과의존 예방 및 해소에 필요한 사항

실시 결과 제출
「유아교육법」 제2조 제2호에 따른 유치원(**연 1회 이상**) 기관의 장은 지능정보서비스 과의존의 예방 및 해소를 위한 교육을 하고 그 결과를 과학기술정보통신부 장관에게 제출하여야 한다.
- 제출: 스마트쉼센터 홈페이지
- 예방 교육 시행 결과 제출 시 교육 여부, 교육 대상인 원 및 교육참여 인원 등을 입력하며, 증빙자료를 반드시 첨부
- * ① 교육대상인원, ② 교육참여인원, ③ 교육기간, ④ 내부결재 여부(서명, 인감 등)가 포함된 증빙자료 제출

스마트폰 과의존

개념
- 과도한 스마트폰 이용으로 스마트폰에 대한 현저성이 증가하고, 이용 조절력이 감소하여 문제적 결과를 경험하는 상태
- 2020년 지능정보화 기본법 개정으로 인해 '인터넷 중독'을 '지능정보서비스 과의존'으로 용어가 변경됨에 따라 '스마트폰 과의존'이라는 용어로 사용

과의존의 요인

현저성	조절실패	문제적 결과
개인의 삶에서 스마트폰을 이용하는 생활 패턴이 다른 행태보다 두드러지고 가장 중요한 활동이 되는 것	이용자의 주관적 목표 대비 스마트폰 이용에 대한 자율적 조절 능력이 떨어지는 것	스마트폰 이용으로 인해 신체적·심리적·사회적으로 부정적인 결과를 경험하지만, 스마트폰을 지속해서 이용하는 것

스마트 기기 사용 집단 구분

일반사용군	잠재적 위험군	고위험군
스마트폰을 적절히 이용하고 있지만, 앞으로도 지속적인 관심과 지도가 필요한 집단	현저성, 조절실패, 문제적 결과 중 1~2가지 특성을 보이는 집단	현저성, 조절실패, 문제적 결과 특성을 모두 나타내는 집단

스마트폰 과의존척도 유아용 (만3세-5세 관찰자용, 9문항)

요인	항목
조절실패	① 스마트폰 이용에 대한 부모의 지도를 잘 따른다. ② 정해진 이용 시간에 맞춰 스마트폰 이용을 잘 마무리 한다. ③ 이용 중인 스마트폰을 빼앗지 않아도 스스로 그만둔다.
현저성	④ 항상 스마트폰을 가지고 놀고 싶어 한다. ⑤ 다른 어떤 것 보다 스마트폰을 갖고 노는 것을 좋아한다. ⑥ 하루에도 수시로 스마트폰을 이용하려 한다.
문제적 결과	⑦ 스마트폰 이용 때문에 아이와 자주 싸운다. ⑧ 스마트폰을 하느라 다른 놀이나 학습에 지장이 있다. ⑨ 스마트폰 이용으로 인해 시력이나 자세가 안 좋아진다.

기준점수(36점 최고점) 1~3번 문항 역채점(1점-4점, 4점-1점으로 변환)
- **고위험군(28점이상)** 스마트폰 과의존 경향성이 매우 높으므로 관련 기관의 전문적인 지원과 도움이 필요함
- **잠재적 위험군(27-24점)** 아이의 스마트폰 사용 행동을 적절히 조절하지 않을 경우, 스마트폰에 과의존될 위험성이 있다. 아이의 스마트폰 사용을 관리하고 계획적으로 사용할 수 있도록 도움이 필요함
- **일반사용자(23점 이하)** 스마트폰을 적절히 이용하고 있지만, 앞으로도 지속적인 관심과 지도가 필요함

영유아기 바른 스마트 기기 사용 습관 형성을 위한 R.E.S.T 범주와 일곱 가지 기본 원칙

problem Recognition 스마트폰 과의존 문제 인식	아이가 스마트폰 작동에 능숙하다고 해서 Smart(똑똑)한 것은 아님 1. 무심코 보여주는 10분의 모바일 콘텐츠도 쌓이면 스마트폰 과의존으로 이어질 수 있음 2. 양육자의 스마트폰 사용 습관을 닮아감 3. 규칙 없는 스마트폰 사용은 방임일 수 있음
statE check 사용 상태 점검	스마트폰, 얼마나 사용하고 있나요? 4. 양육자가 스마트폰 과의존일 경우, 아이도 과의존하게 될 위험이 큼
Suggest alternatives 바른 사용 실천 방안 및 대안 제시	5. 아이의 발달단계와 기질을 고려해 스마트폰 사용규칙을 '구체적'으로 정하고, 모든 양육자가 일관되게 지켜줄것. 6. 책 읽어주는 앱(App)보다 양육자가 직접 책을 읽어주거나 양육자가 일할 때나 식당, 차 안에서 스마트폰 대신 아이가 갖고 놀 수 있는 놀잇감(장난감, 종이, 그림책, 퍼즐, 블록 등)을 준비함
connecT 주변 사람과의 관계 형성 강화	스마트폰이 빠진 시간을 '함께하는 시간'으로 채워요. 7. 모바일 콘텐츠보다 양육자와의 친밀한 시간이 아이의 발달에 도움이 되므로 아이와 눈을 맞추고 웃으며 즐거운 놀이 상호작용을 함께하는 것이 좋음

[출처: 스마트폰 제로도전 엄마아빠는 하면서 왜 나는 안돼요? (서울특별시육아종합지원센터, 스마트쉼센터, 2021)]

유의점

- 인터넷게임과 스마트폰 과의존 예방 교육을 구분하여 지도하기보다, 미디어 과의존 예방 교육의 차원에서 통합적으로 접근하여 지도한다.
- 유아기는 스마트폰 사용에 있어 유아 스스로 조절하기 어렵기 때문에 반드시 가정과 연계하여 지도한다.

2022 기출 A 5) 1) [A]에서 준재의 현저성과 조절 실패를 줄이기 위해 부모가 시도한 행동을 찾아 각각 쓰시오.

2) [B]에서 준재의 현저성과 조절실패의 문제를 해결하기 위해 박 교사가 제안한 방법을 찾아 각각 쓰시오.

3) ㉠에 해당하는 부모교육 방법을 쓰시오.

답안 집단 면담(토의, 토론회, 간담회)

5. 재난안전교육

학교안전교육 실시 기준 등에 관한 고시 [시행 2020. 1. 1.] [교육부고시 제2019-214호, 2020. 1. 1., 일부개정]		
교육시간	교육내용	교육방법
6	1. 화재의 원인과 예방법 알기 2. 화재 발생시 유의사항 및 대처법 알기 3. 각종 자연재난 및 사고 적절하게 대처하는 방법 알기 4. 각종 재난 유형별 대비 훈련 실시	1. 학생 발달 수준을 고려한 전문가 또는 교원 설명 2. 학생 참여 수업 방법 연계 적용 (역할극, 프로젝트 학습, 플립러닝 등) 3. 교내외 체험교육 또는 현장학습 4. 일상생활을 통한 반복 지도 및 부모 교육 연계
횟수		
학기당 2회 이상		

[아동복지법 시행령 별표 6 교육 기준] 〈개정 2022.6.21.〉 재난대비 안전 교육		
교육시간	교육내용	교육방법
연간 6시간 이상	1. 화재의 원인과 예방법 2. 뜨거운 물건 이해하기 3. 옷에 불이 붙었을 때 대처법 4. 화재 시 대처법 5. 자연 재난의 개념과 안전한 행동 알기	1. 전문가 또는 담당자 강의 2. 시청각 교육 3. 실습 교육 또는 현장학습 4. 사례 분석
횟수		
6개월에 1회 이상		

[아동복지법 시행령 별표 6 교육 기준] 〈개정 2022.6.21.〉 감염병 및 약물의 오용·남용 예방 등 보건위생관리 교육		
교육시간	교육내용	교육방법
연간 10시간 이상	1. **감염병 예방을 위한 개인위생 실천 습관** 2. **예방접종의 이해** 3. 몸에 해로운 약물 위험성 알기 4. 생활 주변의 해로운 약물·화학제품 그림으로 구별하기 5. 모르면 먼저 어른에게 물어보기 6. 가정용 화학제품 만지거나 먹지 않기 7. 어린이 약도 함부로 많이 먹지 않기	1. 전문가 또는 담당자 강의 2. 시청각 교육 3. 사례 분석
횟수		
3개월에 1회 이상		

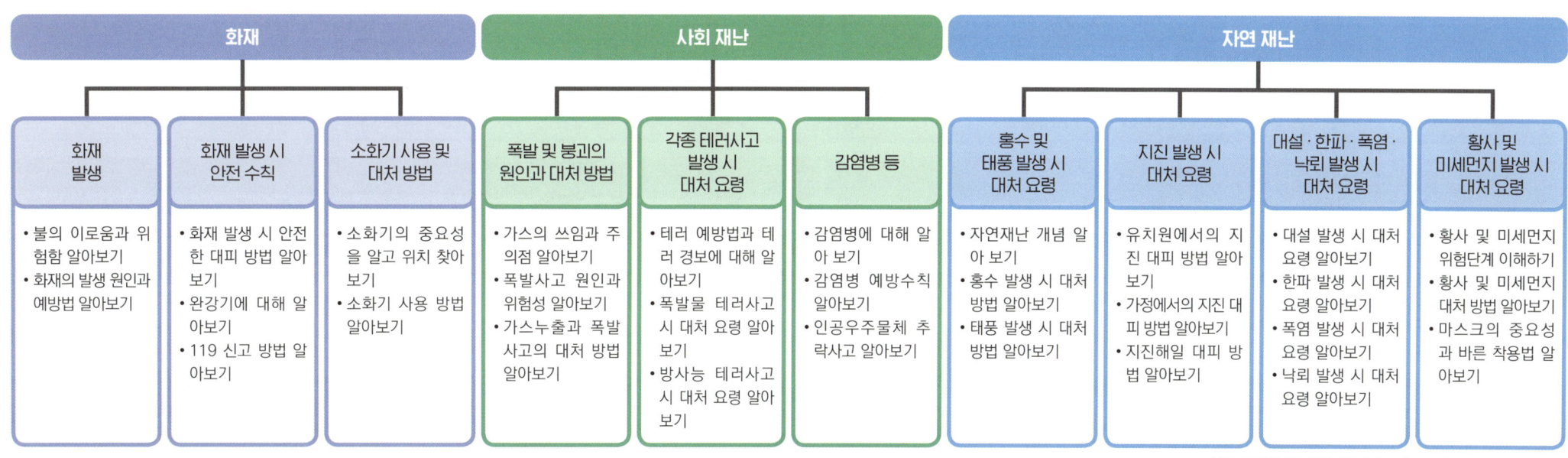

[출처: 학교안전교육 7대 표준안 교육 자료집(교육부, 학교안전공제중앙회, 2023)]

화재 화재발생

학습목표	화재의 의미에 대해 알아보고, 화재 예방을 위해 지켜야 할 안전수칙에 대해 알고 지킨다.

누리과정 관련 요소

신체운동·건강	신체운동·건강
안전하게 생활하기 안전사고, 화재, 재난, 학대, 유괴 등에 대처하는 방법을 경험한다.	**안전하게 생활하기** 일상에서 안전하게 놀이하고 생활한다.

학습주제	학습의 중점
1. 불의 이로움과 위험함 알아보기	• 불이 일상생활에서 주는 이로움에 대해 알아본다. • 화재의 의미와 불이 일상생활에서 주는 위험함에 대해 알아본다.
2. 화재의 발생 원인과 예방법 알아보기	• 화재 발생 원인에 대해 알아본다. • 화재를 예방할 수 있는 방법에 대해 알아보고 실천한다.

[출처: 학교안전교육 7대 표준안 교육 자료집(교육부, 학교안전공제중앙회, 2023)]

불, 화재

불의 이로움

• 음식을 익혀서 먹을 수 있게 해준다.
• 추위로부터 따뜻하게 해준다.

불의 위험함

• 불씨가 커졌을 때는 불을 끄기 어려울 수도 있다.
• 화재가 났을 때는 사람의 목숨이 위험해질 수 있다.
* 불을 잘못 사용하여 불이 난 경우를 '화재'라고 한다.

화재 발생원인

• 불장난으로 인해 불이 일어날 수 있다.
• 작은 불씨가 큰 불씨로 커져서 불이 날 수 있다.
• 음식을 조리하기 위해 가스레인지를 켜놓은 불로 인해 화재가 날 수 있다.
• 콘센트에 많은 전선을 꽂아서 과열로 인해 화재가 일어날 수 있다.

화재안전 사고의 유형

A급 화재
(일반화재)

• 분류색: 백색
• 나무, 솜, 종이, 고무등 일반 가연성 물질에 의한 화재
→ 타고난 후 재가 남으며 물로 소화 가능

B급 화재
(유류화재)

• 분류색: 황색
• 석유류 등 인화성 물질 및 이에 준하는 물질의 화재
→ 타고난 후 재가 남지 않으며 토사나 소화기로 소화 가능

C급 화재
(전기화재)

• 분류색: 청색
• 전기기계, 가구 등의 화재로서 변압기, 배전반등 전기설비의 화재
→ 전기적 절연성을 가진 소화기로 소화 가능

D급 화재
(가스화재)

• 분류색: 무색
• 나트륨, 칼륨, 마그네슘과 같은 가연성 금속의 화재
→ 분말 소화기로 소화 가능

화재 — 화재 발생 시 안전수칙

학습목표: 화재 발생 시 안전하게 대피하는 방법에 대해 익히고, 완강기가 필요한 상황과 사용 방법에 대해 알아본다.

누리과정 관련 요소

- **신체운동·건강** — 안전하게 생활하기: 안전사고, 화재, 재난, 학대, 유괴 등에 대처하는 방법을 경험한다.
- **의사소통** — 듣기와 말하기: 상황에 적절한 단어를 사용하여 말한다.
- **신체운동·건강** — 안전하게 생활하기: 일상에서 안전하게 놀이하고 생활한다.

학습주제	학습의 중점
1. 화재 발생 시 안전한 대피 방법 알아보기	• 화재 발생 시 안전하게 대피하는 방법을 안다. • 비상구 표시를 알고, 안전하게 대피할 수 있다. • 옷에 불이 붙었을 때 행동요령을 익힌다.
2. 완강기에 대해 알아보기	• 불이 났을 때 완강기를 이용하여 대피할 수 있음을 안다. • 완강기 사용 방법에 대해 관심을 가지고 알아본다.
3. 119 신고 방법 알아보기	• 화재 발생 시 도움을 요청하는 번호가 119임을 안다. • 화재 발생 시 119에 신고하는 방법을 알고, 실천할 수 있다.

[출처: 학교안전교육 7대 표준안 교육 자료집(교육부, 학교안전공제중앙회, 2023)]

화재 발생 시 안전한 대피 방법

- 몸을 숙여 손과 무릎을 이용하여 기어가기
- 한 손으로는 물에 젖은 수건으로 코와 입을 막고, 비상구 표시나 유도표시를 따라 안전하게 대피하기
- 승강기를 이용하지 않고 계단으로 대피하기
- 피난구 유도등 따라 비상구로 대피하기

〈몸에 불이 붙었을 때 대처 요령〉
'멈춰요-엎드려요-뒹굴어요' 3가지 원칙

119 신고방법

- 가장 먼저 대피한 뒤, 119 신고하기
- 신고하는 사람의 이름과 전화번호, 주소를 이야기하기
- 불이 난 위치(장소) 및 화재상황 설명하기
- 위치를 모를 경우 주변의 큰 건물을 설명하기
- 전화를 끊지 말고 119 지시를 따르기

〈불이 났을 때 주변에 알리는 방법〉
- "불이야! 불이야!"라고 큰소리로 외치기
- 주변의 어른께 불이 났음을 알려주기

유치원 화재 예방 및 대피

소방시설 등에 대한 점검

① 유치원장은 **월 1회 이상** 소방시설등의 유지 및 관리상태를 육안 또는 신체감각을 이용해 외관점검을 실시하고 그 **결과를 2년간 보관**해야 한다.(작동기능점검 또는 종합 정밀점검을 실시한 달에는 점검하지 않을 수 있음).
② 유치원장은 연 **1회 이상** 소방시설등을 인위적으로 조작하여 정상적으로 작동하는 지를 점검(작동기능점검)하고(소방시설관리사 및 소방기술사를 통해 할 수 있음) 관할 소방서장 또는 소방본부장에게 결과를 제출하고 **관리기록을 2년간 보관**해야 한다.
③ 연면적 1,000m² 이상으로 자동화재탐지설비 또는 옥내소화전 설비가 설치된 유치원장은 **연 1회 이상** 작동기능점검을 포함하여 소방시설등의 설비별 주요 구성 부품의구조기준이 화재안전기준 및 건축법 등 관련법령에서 정하는 기준에 적합한지여부를 점검(종합정밀점검)하고 (소방시설관리사 및 소방기술사를 통해 할 수 있음) 그 결과를 **30일 이내에 소방서장 또는 소방본부장에게 제출**해야 한다.
④ 피난구유도등, 통로유도등 및 유도표지를 부착해 피난출구로의 방향을 정확히 표시하며, 유도등 주위에 이와 유사한 등화광고물, 게시물 등을 설치하지 아니한다.
⑤ 소방시설등을 법령이 정하는 바에 따라 유지 및 관리해야 한다.(소화기의 압력 정상여부, 옥내소화전 주위의 장애물 적치 여부, 자동화재탐지설비의 정상작동 여부, 수신기의 버튼 정상여부 확인 등, 방화문, 방화셔터의 정상여부).
⑥ 창문에 설치하는 커튼류(블라인드 포함), 카펫, 두께가 2mm미만인 벽지류(종이벽지 제외)의 방염대상물품은 방염성능기준 이상의 물품을 사용해야 한다.

[출처: 건강·안전 관리 길라잡이(배포용)(교육부, 2020)]

유치원 소방훈련과 안전교육

① '공공기관의 소방안전관리에 관한 규정' 적용 대상 기관인 **유치원장은 유아와 교직원을 대상으로 안전교육을 연 2회 이상 실시**해야 함. 이때, 한국소방안전협회 등의 외부 안전전문기관에 위탁해 진행할 수 있다.

* 유치원의 경우 공공기관의 소방안전관리에 관한 규정에 근거하여 공공기관에 해당되며, 소방시설 설치·유지 및 안전관리에 관한 법률에서는 **특정소방대상물 유형**으로서 병설유치원은 '교육연구시설 중 학교', 그 외의 유치원은 '노유자(老幼者)' 시설의 아동관련시설'로 분류되어 이를 적용함.

② 유치원에서 소방훈련은 연 2회 이상 실시, 그 중 1회 이상은 소방관서와 합동으로 해야한다.
③ 소방교육 및 소방훈련을 실시한 경우 그 결과를 '**소방훈련·교육 결과기록부**'에 기록하고 2년간 보관해야 한다.
④ 훈련 및 교육에는 화재통보, 피난, 소화 등의 요령에 관한 내용을 포함한다.

◎ 유치원장은 전년도 3월부터 당해연도 2월 말까지의 '**소방안전점검표**', '**안전교육 현황**', '**화재보험**' 등과 관련한 내용을 정보공시 한다.

[출처: 건강·안전 관리 길라잡이(배포용) (교육부, 2020)]

비상구 표시

「산업안전보건기준에 관한 규칙(약칭: 안전보건규)」 제17조(비상구의 설치) ① 사업주는 별표 1에 규정된 위험물질을 제조·취급하는 작업장과 그 작업장이 있는 건축물에 제11조에 따른 출입구 외에 안전한 장소로 대피할 수 있는 비상구 1개 이상을 다음 각 호의 기준을 모두 충족하는 구조로 설치해야 한다. 다만, 작업장 바닥면의 가로 및 세로가 각 3미터 미만인 경우에는 그렇지 않다.
1. 출입구와 같은 방향에 있지 아니하고, 출입구로부터 3미터 이상 떨어져 있을 것
2. 작업장의 각 부분으로부터 하나의 비상구 또는 출입구까지의 수평거리가 50미터 이하가 되도록 할 것
3. 비상구의 너비는 0.75미터 이상으로 하고, 높이는 1.5미터 이상으로 할 것
4. 비상구의 분은 피난 방향으로 열리도록 하고, 실내에서 항상 열 수 있는 구조로 할 것
② 사업주는 제1항에 따른 비상구에 문을 설치하는 경우 항상 사용할 수 있는 상태로 유지하여야 한다.

특정소방대상물의 용도별 설치해야 하는 유도등 및 유도 표지 종류

구분	피난구 유도등	통로 유도등			객석 유도등
		복도	계단	거실	
용도	피난경로로 사용되는 출입구 표시	피난통로를 안내하기 위한 유도등으로 방향을 명시			객석의 통로·바닥·벽에 설치
예시	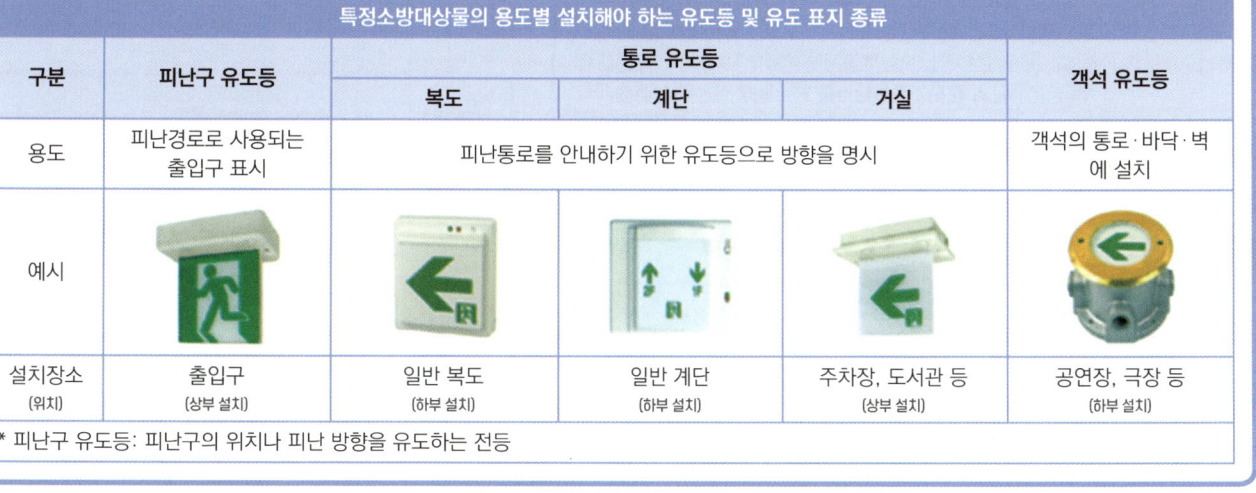				
설치장소 (위치)	출입구 (상부 설치)	일반 복도 (하부 설치)	일반 계단 (하부 설치)	주차장, 도서관 등 (상부 설치)	공연장, 극장 등 (하부 설치)

* 피난구 유도등: 피난구의 위치나 피난 방향을 유도하는 전등

완강기

완강기 사용 방법

- 완강기 지지대를 흔들어 튼튼하게 고정되어 있는지 확인한다.
- 고정이 잘 되어있다면 지지대 고리에 완강기 고리를 연결한다.
- 벨트를 머리부터 위에서 아래로 가슴부위에 착용 후, 고리를 단단하게 조여 몸에 딱 맞도록 한다.
- 아래로 내려갈 위치를 확인하고, 로프를 바닥으로 떨어뜨린다.
- 양팔을 좌우로 펼치고 건물을 바라보며, 아래 장애물이 있는지 살펴보면서 내려온다.
* 피난로가 전부 막히고, 119구조를 기다리기 어려워서 바로 대피해야 할 때 사용
* 유아가 완강기가 필요한 상황이 있음을 알고 사용 방법에 관심을 가질 수 있도록 지도한다면, 화재 발생 시 위험 상황에 따라 대처할 수 있는 태도를 신장할 수 있음

2010기출 객관식 21) 다음 계획된 활동시 지도상의 유의점으로 적절한 것을 <보기>에서 모두 고른 것은?

답안 (적절한 대처)
- 소방 대피 훈련은 사전에 유아와 가정에 알린 후 실시한다.
- 평소에도 소방 대피 훈련을 실시하여 화재 발생 시 대처 요령을 유아가 숙지하도록 한다.
- 비상사태시 대피할 장소와 통로가 표시된 비상 대피 경로를 교실과 복도 등 눈에 잘 띄는 곳에 게시한다.

2023 기출 A 5) [B]에서 잘못된 행동 요령 1가지를 찾아 바르게 고쳐 쓰시오.

답안 화재시 엘리베이터를 이용해 대피하면 안되며, 반드시 계단을 이용한다.

2005 기출 주관식 10) 매캐한 냄새가 나며 교실 문 밑으로 연기가 들어오는 것이 발견되었다. 화재가 발생한 긴급 상황에서 박교사가 유아들을 안전하게 대피시키기 위해 취해야 할 조치들을 다음에 제시된 단계별로 2가지씩 쓰시오.

화재 소화기 사용 및 대처 방법

학습목표: 소화기에 대해 알아보고, 화재 시 사용 방법에 대해 익혀 재난상황에 대처할 수 있다.

누리과정 관련 요소

신체운동·건강 — 안전하게 생활하기: 안전사고, 화재, 재난, 학대, 유괴 등에 대처하는 방법을 경험한다.

자연탐구 — 생활 속에서 탐구하기: 도구와 기계에 대해 관심을 가진다.

학습주제	학습의 중점
1. 소화기의 중요성을 알고 위치 찾아보기	• 소화기가 무엇인지 이해하고, 중요성에 대해 알아본다. • 유치원에서 소화기의 위치를 알고 찾아본다.
2. 소화기 사용 방법 알아보기	• 소화기의 올바른 사용법에 대해 알아본다. • 유아가 사용할 수 있는 소화기를 알아보고 실습해본다.

[출처: 학교안전교육 7대 표준안 교육 자료집(교육부,학교안전공제중앙회, 2023)]

소화기

사용방법

- 불이 난 곳으로 소화기를 가져가기
- 소화기를 바닥에 내려놓은 후, 소화기 몸통을 잡고 안전핀을 뽑기
- 한 손은 손잡이를, 다른 한 손은 노즐을 잡고 불이 난 곳을 향하기
- 소화가 완전히 될 때까지 약제를 화점을 향하여 골고루 방사하기 (바람을 등진다)

소화기: 불이 났을 때 불을 끌 수 있는 도구
투척용 소화기: 불이 난 곳에 던져서 불을 끄는 소화기 (불 속에 직접 던지지 말고, 불 근처의 벽이나 바닥에 던지기. 커버를 벗긴다. → 약재를 꺼낸다. → 불을 향해 던진다.)

소화전

사용방법

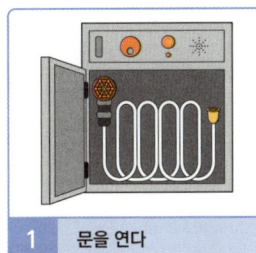
1 문을 연다

2 호스를 빼고 노즐을 잡는다

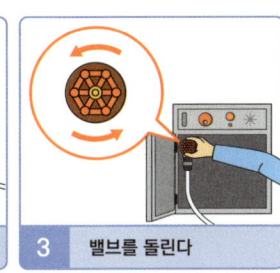
3 밸브를 돌린다

4 불을 향해 쏜다

2인 1조로 사용할 경우
1. 2명 중 1명이 먼저 소화전함의 문을 열고 호스와 노즐이 연결되어 있는지 확인한 후
2. 호스가 꼬이지 않도록 불이 난 곳까지 길게 늘어뜨린 후 노즐(관창)을 잡고 방수 자세를 취한다.
3. 다른 한 사람이 밸브를 돌려 물이 나오는 것을 확인한 후 뛰어가서 호스를 잡는 것을 도와준다.
4. 노즐의 끝을 돌려 물의 양을 조절해 가며 불을 끈다.

[출처: 민쌤의 각론과 교육과정 1]

사회재난 폭발 및 붕괴의 원인과 대처 방법

학습목표 가스의 다양한 쓰임을 알고 가스누출·폭발 사고 등 사회 재난의 예방 및 대처 방법을 알고 실천해본다.

누리과정 관련 요소

신체운동·건강	신체운동·건강	의사소통
안전하게 생활하기 일상에서 안전하게 놀이하고 생활한다.	**안전하게 생활하기** 안전사고, 화재, 재난, 학대, 유괴 등에 대처하는 방법을 경험한다.	**듣기와 말하기** 자신의 경험, 느낌, 생각을 말한다.

학습주제	학습의 중점
1. 가스의 쓰임과 주의점 알아보기	• 가스의 다양한 쓰임에 대해 알아본다. • 가스를 사용할 때 주의해야 할 안전 규칙을 알아본다.
2. 폭발사고 원인과 위험성 알아보기	• 폭발사고의 원인을 알아본다. • 폭발사고의 위험성을 인식한다.
3. 가스누출과 폭발사고의 대처 방법 알아보기	• 가스누출과 폭발사고 발생 시 대처하는 방법을 알아본다. • 폭발사고 재난훈련에 직접 참여해본다.

[출처: 학교안전교육 7대 표준안 교육 자료집(교육부, 학교안전공제중앙회, 2023)]

가스

쓰임새

• 가스레인지: 가스를 이용해서 음식을 데우거나 익힌다.
• 자동차: 가스를 태울 때 나오는 힘으로 달린다.
• 전기: 가스를 태워서 얻은 힘으로 전기를 만든다.
• 보일러: 가스를 태운 열로 집을 따뜻하게 한다.

안전규칙

• 가스레인지를 혼자 사용하거나 장난하지 않는다.
• 창문이나 출입문을 열어 환기를 시킨다.
• 가스불이 파란색인지 확인한다.(불이 빨갛게 변하고 불꽃이 꺼지면 나쁜 공기가 나오고 있다는 뜻이므로 반드시 창문을 열어 환기)
• 사용을 마치면 가스 밸브를 꼭 잠근다.
• 외출할 때 가스밸브(코크와 중간밸브)가 잠겨있는지 확인한다.
• 여름에는 라이터나 부탄가스통과 같은 가스제품을 온도가 높은 곳에 두지 않는다.

폭발사고의 위험성과 원인

폭발의 위험성

• 갑작스런 폭발로 대비할 수 없다.
• 폭발로 건물이 무너지면서 불이나고 큰사고로 이어질 수 있다.
• 폭발로 인해 나쁜 물질이 퍼지고 공기를 오염시킬 수 있다.

폭발이 일어날 수 있는 상황

• 가스 누출로 인한 폭발: 가스가 새는데 불을 사용할 때
• 전자레인지에 의한 폭발: 전자레인지에 넣지 말아야 할 것(달걀, 과일(수분이 많은 것), 호일, 라면봉지, 금속그릇)을 넣어서 사용할 때
• 불장난에 의한 폭발: 가스가 들어 있던 통(부탄가스, 스프레이, 모기살충제 등)을 함부로 불 속에 넣을 때
• 전자제품에 의한 폭발: 휴대폰이나 컴퓨터 등 전자제품이 뜨거운데 계속 사용할 때

대처 방법

가스누출 시(냄새가 날 때)

• 가스 냄새가 나는 즉시, 가스 밸브를 찾아 잠근다.
• 119에 신고한다.
• 창문과 출입문을 열어 환기를 시켜준다. (집에서 사용하는 가스 대부분은 공기보다 가벼워서 위로 모이게 되는데 창문과 출입문을 열어 밖으로 가스가 나가게 해야한다)
• 스위치나 전기기구를 절대로 만지지 않는다. (환풍기나 전등, 부엌에 있는 전기기구 스위치를 끄거나 켜면 스파크가 발생하여 폭발이 일어날 수 있다)
• 안전한 장소로 대피한다. (안전한 장소에서 소방대원을 기다린다.)

폭발 사고 시

• 사고 장소에서 멀리 떨어진 공터와 같은 안전한 장소로 빠르게 대피한다. (2차 폭발, 붕괴)
• 나쁜 공기를 마시지 않도록 물수건으로 입과 코를 막는다.(연기·가스에 의한 질식이나 호흡기관 장애 초래)
• 바람이 부는 방향을 확인하고 다른 방향으로 대피한다.
• 눈이 따가울 때는 깨끗한 물로 씻는다.

사회재난 — 각종 테러사고 발생 시 대처 요령

학습목표: 각종 테러사고의 위험성을 인식하고 테러 예방법과 사고 시 안전하게 대처하는 요령을 알고 사회 재난훈련에 참여해본다.

누리과정 관련 요소

- **신체운동·건강** — 안전하게 생활하기: 일상에서 안전하게 놀이하고 생활한다.
- **신체운동·건강** — 안전하게 생활하기: 안전사고, 화재, 재난, 학대, 유괴 등에 대처하는 방법을 경험한다.
- **의사소통** — 듣기와 말하기: 자신의 경험, 느낌, 생각을 말한다.

학습주제	학습의 중점
1. 테러 예방법과 테러 경보에 대해 알아보기	• 테러 예방법을 알고 실천해본다. • 테러 경보의 의미와 테러 경보단계를 알아본다.
2. 폭발물 테러사고 시 대처 요령 알아보기	• 폭발물 테러사고 시 안전하게 대처하는 방법을 알고 재난훈련에 참여해본다. • 폭발물 테러사고 시 신고방법을 알아본다.
3. 방사능 테러사고 시 대처 요령 알아보기	• 방사능 테러사고 시 안전하게 대처하는 방법을 알고 재난훈련에 참여해본다. • 방사능 테러사고 대피용품과 대피장소를 알 수 있다.

[출처: 학교안전교육 7대 표준안 교육 자료집(교육부, 학교안전공제중앙회, 2023)]

테러사고

유형
- **즉시 대피해야 하는 테러**: 폭발물 테러/화학·생물 테러/방사능 테러
- **차분히 구조를 기다려야 하는 테러**: 억류·납치 테러/항공기 피랍 테러

테러 경보 단계 및 발령기준

관심 ▶ 주의 ▶ 경계 ▶ 심각

등급
- 관심: 테러 발생가능성이 낮은 상태
- 주의: 테러로 발전할 수 있는 상태
- 경계: 테러 발생가능성이 높은 상태
- 심각: 테러 사건발생이 확실시되는 상태

예방법
- 비상구나 대피소 위치를 눈여겨보고 미리 알아둔다.
- 해외여행 시 안내 정보를 미리 확인한다.
- 테러 경보단계를 확인한다.

여행경보제도
해외여행을 하는 국민을 위해서 세계 각 국가와 지역의 위험 수준을 단계별로 구분하고, 안전대책과 행동 요령을 안내하는 제도

폭발물 테러

행동요령
- **폭발물 테러 협박전화를 받았을 때**: 자신의 이름과 주소, 전화번호 등을 알려주지 않는다.
- **테러가 의심될 때**: 수상한 물건을 함부로 만지지 않고 신속히 대피 후 111(국가정보원), 112(경찰서), 119(소방서)에 신고하고 폭발물 반대 방향 비상계단을 이용해서 건물 밖으로 탈출한다. (엘리베이터는 위험)
- **폭발물이 폭발하는 경우**: 폭발음이 들리면 귀와 머리를 손으로 감싸 보호하고 즉시 바닥에 엎드린다. 폭발지점 반대 방향으로 빨리 대피한다.
- **폭발로 인한 매몰·붕괴 시**: 유치원 건물 밖으로 나가는 길을 찾아보고, 건물 밖으로 나가는 길을 찾아보고, 건물 밖으로 나가기 어려우면 단단한 기둥을 붙잡고 웅크린다.

참고

대피소 표지판

방사능 테러사고

방사능과 방사선
- **방사능**: 우라늄 등 방사성 물질이 방사선을 내는 능력(세기)
- **방사선**:
  - 자연방사선: 공기·물·토양, 먹는 음식, 사람에게 나오는 방사선
  - 인공방사선: 사람들이 만들어낸 방사선

자연방사선은 위험하지 않고 엑스레이, CT 등 인공방사선은 병을 진단하고 암을 치료하게 도와주며 저장음식을 오랫동안 보관할 수 있도록 멸균처리를 해주는 등 무조건 위험한 것은 아니지만 그 양이 일정수준을 넘게 되면 악영향을 미쳐 위험함

대처 요령

- **실내 대피 통보 시**
  ① 즉시 귀가하고 현관문과 창문을 모두 닫은 후 에어컨과 환풍기는 즉시 끈다.
  ② 손과 발, 얼굴을 씻고 옷도 갈아입는다.
  ③ 음식물은 밀봉하고 밖에 널린 세탁물은 안으로 들여온다.
  ④ 귀가가 어려울 경우에는 가까운 콘크리트 건물 안으로 이동한다.
- **안전지역 대피 통보 시**
  ① 현관문과 모든 창문을 닫고, 구급약품, 의복 같은 간단한 생필품을 준비한다.
  ② 추가사고 예방을 위해 전기, 가스, 수도 등은 모두 끄고 안내에 따라 질서있게 대피소로 이동한다.
  ③ 바람이 불어오는 방향으로 대피한다.
  ④ 방독면을 착용하거나 입과 코를 젖은 천으로 막고 이동한다.
  ⑤ 비옷을 입어 피부를 보호한다.

사회기능 감정별 등

학습목표 감정을 이해하고 바람직하게 표현하고 긍정적인 자아상이 바탕이 되어 인간관계에서 일어날 수 있는 갈등을 평화롭게 해결한다.

누리과정 관련 요소

신체운동·건강
신체운동·건강
신체운동·건강

- 안정적이게 생활하기
- 감정적이게 생활하기
- 인정하게 생활하기
- 배려심 있고 자신이 좋아하는 운동을 즐긴다.
- 놀이를 즐겁게 하고 자신의 감정을 몸으로 대하여 건강하게 살아간다.

핵심주제	활동의 종류
1. 감정생활에 대해 알아보기	• 감정생활의 정의에 대해 알아본다. • 감정생활의 종류와 특성에 대해 알아본다.
2. 감정별 예의수칙 알아보기	• 감정별 예의수칙을 알아보고 지킨다. • 운동할 때 예의수칙이 왜 필요한지 이해하고 실천한다.
3. 인간관계들의 특성에 대해 알아보기	• 인간관계들의 특성과 경기방법을 알아보기 • 인간관계들의 특성에 대해 이해한다.

[출처: 어린이집표준보육 7차 표준보육 교육 자료집(보육부, 한국보육진흥원, 2023)]

감정별

정의

- 감정: 자신의 몸과 마음에 느끼는 그 자체가
- 감정생활: 감정을 규칙적으로 반복하여 신체의 각 기관의 기능을 향상시키고 건강을 유지하고 증진시키는 활동
- 감정별 효과: 심장이나 콕장, 근육 등과 같은 신체 부위의 기능을 향상시키고 순환기관이나 호흡기관의 건강한 성장과 발달을 도와주는 동시에 운동을 통해 정서적 건강과 발달도 이룰 수 있는 활동
- 감정생활: 건강을 유지하고 몸과 마음을 건강하게 하는 것을 목적으로 즐길 수 있는 가벼운 감정 (기초체력운동, 에어로빅 등)

감정별 효과 및 종류

① 감정별
- 건강생활에 필요한 체력발달, 시간감각, 시각인지, 운동감각, 지각적 요인 등
- 감정생활 기초체력활동의 감정별은 기초체력활동의 활동이라고 함

② 감정별 방식
- 감정별 방식 - 감정생활 - 감정별활동 - 감정생활

③ 체력요인
- 간접체력 방법: 감정, 감정생활, 놀이의 감정이 들어지는 방법

④ 감정별 방법
- 감정별 방법: 인사하고, 감정적으로 감정하고, 최종적으로 감정을 나누고 간다.

⑤ 감정적 내용
- 「김감정별(등급 교육 종류지)」 결과가 감정기간의 감정 예시는 감정의 종류 다른 감정감각에서 참고 자료나 감정 감정에 대해 사건하는 것을 계속하는 데 기준이 될 수 있다.

감정별 예의수칙

- 감정생활 후 시간, 장소에 사용후 후, 순환을 두 이상에 30초 이상 사용하기
- 예의수칙 등 (주 예의수칙 6단계)
① 감정생활이 운동하는 다음 대로 운동하기
② 감정생활이 운동하는 대로 운동하기
③ 운동생활의 운동을 다른 가지 각도로 운동하기
④ 감정생활이 운동하는 대로 운동하기
⑤ 운동생활이 운동하는 대로 운동하기
⑥ 감정생활이 운동하는 대로 운동하기
문동 마치게 하기

운동별 감정별 기대

- 예의수칙 하기
- 마무리 하기

감정별 마무리하기
- 마무리 운동을 가지는 것 같이 일어나
- 들이나 친구와 마음을 주고 나누기
- 마음을 마무리 사용하지 않기

감정별 감정 기대
- 감정의 공을 감정의 손, 감정을 감정 있기
- 감정의 손을 잡고 또 많이 사람의 문, 원직을 손이 감정 실수 있다.
- 다른 사람과 가지 감정 같이 감정에서 감정을 하지 가지 즐기기
- 하나 친구의 좋은 이야기 나누기 사상하기
- 많이 찾고 관심 많이 주시기
- 관심 자리 찾기 있기

유치원 감염병 예방과 대응

유치원 감염병 발생 단계

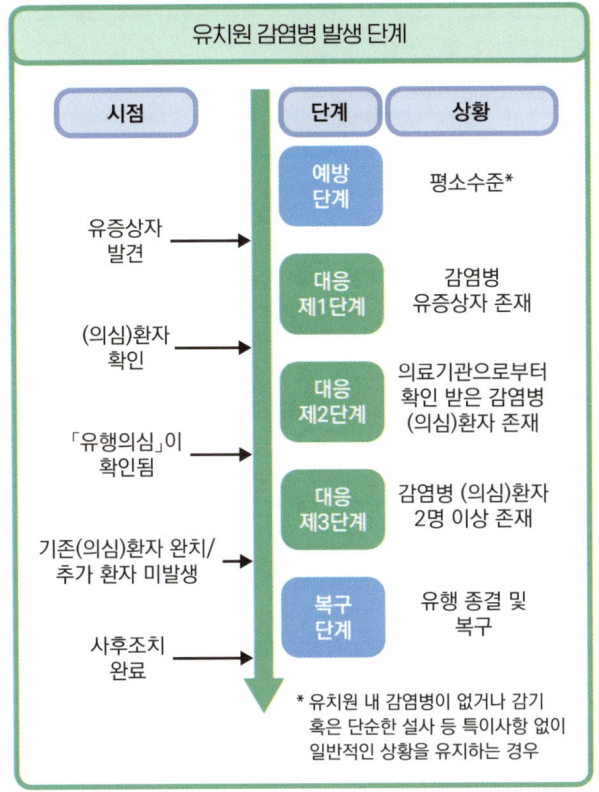

* 유치원 내 감염병이 없거나 감기 혹은 단순한 설사 등 특이사항 없이 일반적인 상황을 유지하는 경우

예방단계(수동감시)

- 「유치원 감염병 예방·관리 계획」 수립
- 「유치원감염병관리조직」 구성

- 감염병 담당자는 감염병 예방 및 대응을 위해 매뉴얼의 대응방법 및 절차와 감염병 관련 지식 등을 평소에 잘 숙지하도록 한다.
- 안전담당교사 등을 감염병 담당자로 지정할 수 있다. 관리자(원장/원감)를 담당자로 지정할 수도 있다.

- 감염병 예방 교육 연간 실시 계획
- 방역물품 비축 계획
- 방역 실시 계획
- 일시적 관찰실 설치·운영 계획

감염병 예방을 위한 유아 예방접종 관리
유아의 예방접종 여부를 확인하고 예방접종을 끝내지 못한 유아에게 예방접종을 하도록 함.

구분	종류	입학시기	
		36개월 기준	만4~6세 기준
필수 (11종)	결핵(BCG)	1회	-
	B형간염(HepB)	3차	-
	디프테리아/파상풍/백일해(DTaP)	4차	5차
	폴리오(IPV)	3차	4차
	b형헤모필루스인플루엔자(Hib)	4차	-
	폐렴구균(PCV)	4차	-
	홍역/유행성이하선염/풍진(MMR)	1차	2차
	수두(Var)	1차	-
	A형간염(HepA)	2차	-
	일본뇌염	사백신 3차	사백신 4차
		생백신 2차	-
	인플루엔자	입학 전년도	입학 전년도

2023 기출 주관식 5) 감염병 유증상자 대응 수칙에 따른 교사의 잘못된 행동을 찾아 쓰고, 잘못됐다고 생각되는 이유를 쓰시오.
답안 유빈이를 안고 일시적 관찰실로 데려가는것은 잘못된 행동이다.
유빈이는 감염병 감염의심환자임으로 교사는 마스크를 쓰고 적정 거리를 유지하여 일시적 관찰실로 데리고 가야 한다.

memo

유치원 감염병 예방과 대응

대응 제1단계: 유치원 내 감염병 유증사자의 발견 및 확인 단계

대응 1단계의 업무흐름도

```
                    [예방단계]
                     수동감시

    유치원 안                    유치원 밖
  유증상자 발생                유증상자 발생
                                 (미등원)

                                [학부모/유아]
      감염병                     담임교사 연락
    증상 확인
      NO                        진로 여부 및 결과 확인
      YES                       (미진료시 진료요청)

    일시적 격리

  학부모 연락/진료 요청    의료기관 진료
    결과 확인  NO         여부 확인
               YES

              위생수칙 교육/        감염병
              교실 환기 및 소독     진단 확인  NO
                                      YES

                                  [대응 2단계]
```

대응 제1단계의 주요 활동

감염병 유증상자 발견 → 마스크 착용 필요여부 확인 → 일시적 격리 필요성 판단 및 실시 → 감염병 여부 확인(의심증상, 진료여부, 질환명) → 학부모에게 연락하여 의료기관 진료 요청(등원중지안내서, 진료확인서) → 교실 환기, 소독 → 위생수칙 교육

대응 제2단계: 유치원 내 감염병 유행 의심 여부를 확인하는 단계

대응 2단계의 업무흐름도

```
        [대응 1단계]              [예방단계]
                                  수동감시

  원장/교육(지원)청  능동감시 실시  환자/밀접 접촉자  예방 교육 실시
       보고                          관리

  [원장]                      감염병 (의심)환자
  보건소 신고                   추가 발생 파악
  (범정감염병)

                              유행의심기준
                                 충족      NO
                                 YES

                              [대응 3단계]
```

대응 제2단계의 주요 활동

보고 및 신고 → 능동감시 실시 → 해당 질환 예방 및 관리 교육 실시 → 감염병 (의심)환자가 속한 학급 관리 → 유행 의심 여부 확인

[출처: 유아 감염병 예방 위기대응 매뉴얼(교육부, 2016)]

유치원 감염병 예방과 대응

대응 제3단계: 유치원 내 유행 확산 차단

대응 3단계의 업무흐름도

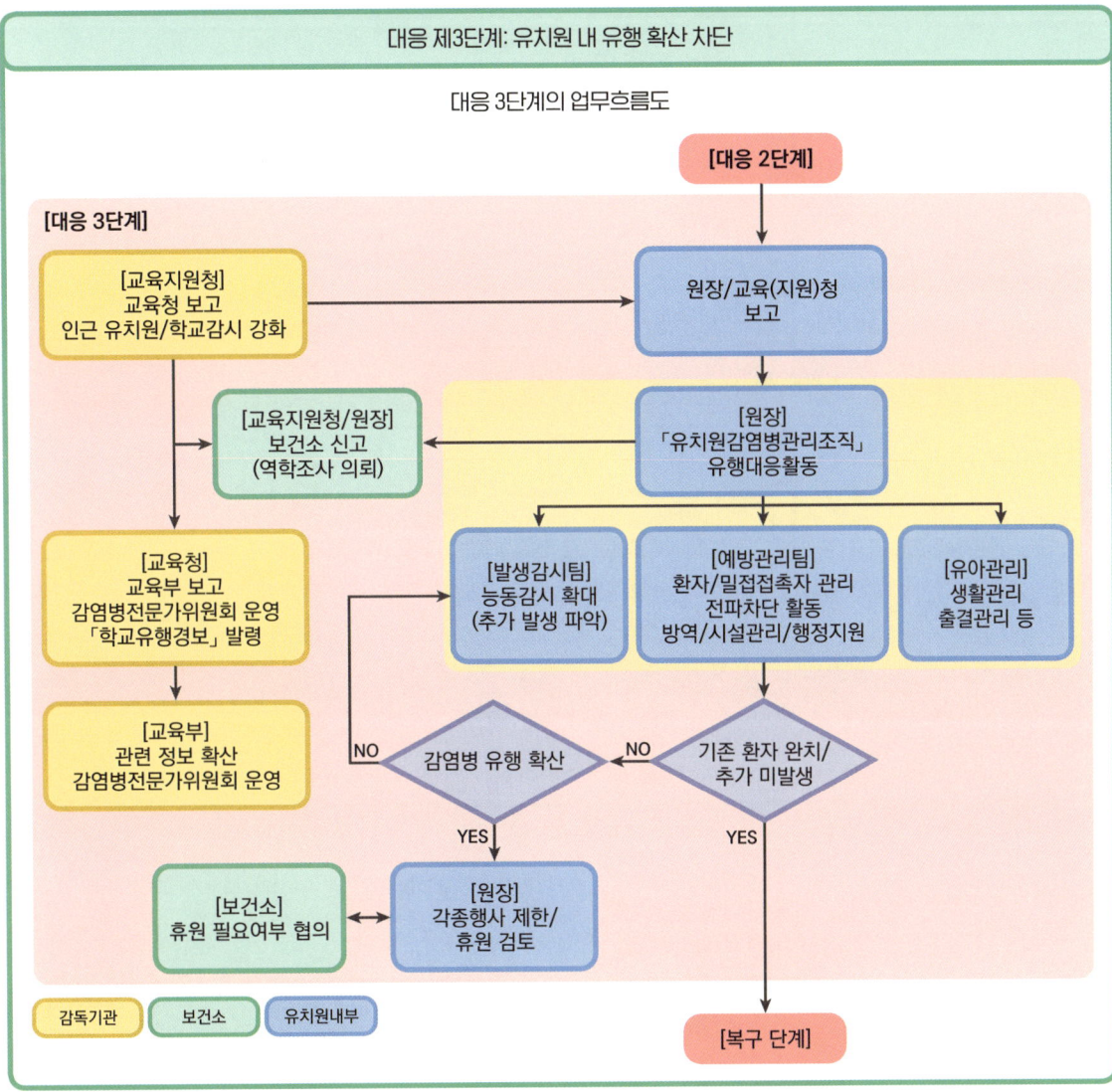

대응 제3단계의 주요 활동

「유치원감염병관리조직」 활성화 → 보고 및 신고 → 능동감시체계 강화 → 환자, 유증상자 관리 → 밀접접촉자 파악 및 관리 → 고위험군 파악 및 관리 → 감염병 예방 교육 실시 → 방역활동 → 전파차단을 위한 별도 조치 → 역학조사 지원 → 출결관리

[출처: 유아 감염병 예방 위기대응 매뉴얼(교육부, 2016)]

인공우주물체

인공우주물체 추락의 위험성

- 인공우주물체: 인공위성과 같이 우주로 발사한 사람이 개발한 물체
- 인공우주물체가 떨어지면 사람이 다치거나 죽고, 재산피해가 발생할 수 있다.

인공우주물체 추락 시 행동요령

〈실내에 있을 경우〉

추락 중	• 인공우주물체가 추락한 것을 알린다. • 건물 내 지하 등 대피장소로 대피한다. • 대피장소가 없으면 튼튼한 건물벽, 기둥 뒤로 대피한다. • 대형 잔해물이 건물에 충돌할 경우 2차 낙하물에 주의한다.
추락 후	방송을 듣고 안내에 따른다.

〈실외에 있을 경우〉

추락 중	• 야외활동을 중지하고 주변 대피장소나 실내로 대피한다. • 철근콘크리트빌딩이나 튼튼한 엄폐물로 신속히 대피한다. • 엄폐물이 없으면 낙하물의 진행 반대 방향으로 대피한다. • 대형 잔해물이 건물에 충돌할 경우 2차 낙하물에 주의한다.
추락 후	• 추락 잔해물은 접촉하지 말고 인근 소방서에 잔해물의 위치를 알린다. • 방송을 듣고 안내에 따른다.

자연재난   홍수 및 태풍 발생 시 대처 요령

학습목표   자연재해인 홍수 및 태풍 발생 원인 및 대처 요령에 대해 알아본다.

누리과정 관련 요소

신체운동 · 건강	자연탐구	자연탐구
안전하게 생활하기 안전사고, 화재, 재난, 학대, 유괴 등에 대처하는 방법을 경험한다.	**탐구과정 즐기기** 주변 세계와 자연에 대해 지속적으로 호기심을 가진다.	**자연과 더불어 살기** 날씨와 계절의 변화를 생활과 관련짓는다.

학습주제	학습의 중점
1. 자연재난 개념 알아보기	• 자연재난에 관심을 가지고 종류와 원인을 알아본다. • 자연재난 시 안전하게 지내는 방법에 대해 알아본다.
2. 홍수 발생 시 대처 방법 알아보기	• 여름철 날씨 현상인 호우와 홍수에 관심을 갖는다. • 홍수로 인한 피해를 줄이기 위한 방법을 알아본다.
3. 태풍 발생 시 대처 방법 알아보기	• 태풍 단계에 따라 대비해야 할 사항을 알아본다. • 태풍에 대비하기 위한 준비사항과 행동을 알아본다.

[출처: 학교안전교육 7대 표준안 교육 자료집(교육부, 학교안전공제중앙회, 2023)]

지구 온난화

기후변화 원인

- **기후변화 원인**: 온실가스 배출, 숲 파괴
- **기후변화로 변화되는 것**: 온도가 높아짐, 여름이 길어짐, 얕은 섬은 가라앉음
- **기후변화를 막으려면**: 온실가스 줄이기(에너지 절약하기, 냉장고 자주 열지 않기, 일회용품 사용 줄이기 등)

홍수

정의

홍수: 집중호우로 하천이 범람하여 주변 지역에 피해를 입히는 자연재해(집중호우: 짧은 시간동안 좁은 지역에 많은 비가 내리는 것)

집중호후

집중 호우: 일반적으로 한 지역에서 짧은 시간에 많은 양의 비가 내리는 것
- **호우주의보**: 6시간 강우량이 70mm 이상 예상되거나, 12시간 강우량이 110mm 이상이 예상될 때
- **호우경보**: 6시간 강우량이 110mm 이상 예상되거나, 12시간 강우량이 180mm 이상이 예상될 때
- **침수**: 호우 등의 이유로 구조물 등이 물에 잠기는 피해

홍수로 인한 결과

- 수인성 전염병에 걸릴 수 있다.
- 침수, 산사태 등으로 인명 피해를 입을 수 있다.
- 정전, 누수, 고립될 수 있다.

호우특보 시 행동요령

- 대피하기
- 정전 대비하기
- 옥상, 지하실, 맨홀 근처 가지 않기
- 기상예보 확인하기
- 가로등, 신호등 근처 가지 않기 등

태풍

주의보와 경보

- 커다랗게 회전하면서 부는 바람으로 많은 비와 강한 바람을 동반한 것
- **태풍주의보**: 태풍의 영향으로 강풍, 풍랑, 호우 현상 등이 주의보 기준에 도달할 것으로 예상될 때
- **태풍경보**: 태풍으로 인하여 강풍(또는 풍랑)이 경보 기준에 도달할 것으로 예상되거나, 총 강우량이 200mm 이상 예상되거나, 폭풍해일 경보 기준에 도달할 것으로 예상될 때

대처 요령

실내에서 대비요령

- 문, 창문을 닫고 집 안에서 머무른다.
- 태풍의 피해가 예상되는 지역은 라디오나 인터넷을 통해 기상변화를 알아둔다.
- 유리 창문이 파손되는 것을 방지하기 위해 젖은 신문지, 비닐 또는 테이프를 창문에 붙인다.
- 해안지역에서는 바닷가로 가지 않는다.
- 날아갈 수 있는 모든 물건을 안으로 들여놓는다.

실외에서 대피요령

- 지붕 위나 바깥에서 작업을 하지 않는다.
- 나무 밑으로 피하지 않는다.
- 해안지역에서는 바닷가로 가지 않는다.
- 강풍이 지나간 후 땅바닥에 떨어진 전기줄에 접근하거나 만지지 않는다.
- 외출을 삼가고 자동차를 타고 갈 때는 속도를 줄인다.

홍수 및 태풍 대비 유치원 조치절차

상황 단계	조치 사항
1단계 예방 대비	• 비상연락망 점검, 정비: 학부모, 교육청, 교직원, 주민자치센터, 시군청, 등 • 방재물자 구비 상태 점검/확보: 비상조명기구, 응급약품, 확성기, 모래주머니 등 • 안전검검반 운영을 통한 옹벽, 경사지등 취약지역 및 배수시설 사전 점검 및 표시 • 여름철 시설물 안전 점검 실시 　- 붕괴될 우려가 있는 비탈면 천막으로 덮어 붕괴 방지 　- 노후되거나 기울어진 담장, 축대 등은 보수, 보강 　- 건물 주변의 교내 수목 가지치기 실시 　- 금이 가거나 깨진 유리창 교체 　- 교내배수, 누수 상황 파악
2단계 주의보 발령시	• 등하교시간 조정 검토: 등하교 시간 조정시 학부모에게 신속히 통보, 교육청에 즉시 보고 • 비상상황 발생 시 상황 보고 및 신고철처(교육청, 소방서): 피해내용, 현재 학교 조치사항, 향후계획등 • 강풍으로 날아갈 수 있는 시설물 고정, 제거 • 물에 떠내려갈 수 있는 것 이동 조치 • 면적이 큰 창문에 테이프, 신문지 부착 • 침수가 예상되는 저층 건물의 중요 물품 이동침수 위험지구에 모래주머니 적재 • 붕괴위험지구, 균열이 있는 옹벽 출입 통제 및 접근금지표식 • 유관기관 협조사항 확인
3단계 경보 발령시	• 태풍, 호우상황 및 유치원주변 피해발생 가능성 고려하여 등하교시간 조정 및 휴교실시 　- 교육청 또는 유치원 재량으로 결정된 사항은 학부모에게 신속히 통보, 교육청에게 즉시 보고 　- 상황을 고려하여 비상근무 실시(자체 기준) 　- 실시간대 안전조치 시행 • 상황 악화로 위험하다고 판단시 안전하게 대피 실시 　- 대피전 소방서, 교육청 등 유관기관에 상황 전파 　- 대피장소 통보 등 협업 　- 대피 전 유의사항 등 안전교육 시행 　- 대피 전, 후 출석부(비상연락망)을 통한 인원 확인 　- 지정된 대피 장소 도착 시 유관기관에 통보 • 인원 및 시설 피해 발생 시 후속조치 시행 　- 119신고 및 부상자 응급조치 　- 보호자에게 상황 전파 　- 교육청 등 유관기간에 피해상황 보고 　- 필요시 피해발생 지역에 접근금지 라인 설치 　- 전기, 가스, 수도 등 기간 시설 피해 발생 시 전문기관 통보
4단계 상황 종료시	• 침수된 부분은 완전히 배수시킨 후 복구대책 마련 * 전염병 예방을 위해 물이 빠진 후 교내 방역작업 실시

[출처: 학교 현장 재난유형별, 교육훈련매뉴얼(교육부, 학교 안전 공제중앙회, 2021)]

79

자연재난 지진 발생 시 대처 요령

학습목표 자연재해인 지진 발생 원인 및 대피 방법에 대해 알아본다.

누리과정 관련 요소

신체운동·건강

자연탐구

자연탐구

안전하게 생활하기
안전사고, 화재, 재난, 학대, 유괴 등에 대처하는 방법을 경험한다.

탐구과정 즐기기
주변 세계와 자연에 대해 지속적으로 호기심을 가진다.

자연과 더불어 살기
날씨와 계절의 변화를 생활과 관련 짓는다.

학습주제	학습의 중점
1. 유치원에서의 지진 대피 방법 알아보기	• 지진의 개념과 발생원인을 알아본다. • 유치원에서 지진이 일어났을 때 대비하는 방법을 알아본다.
2. 가정에서의 지진 대피 방법 알아보기	• 가정에서 지진이 일어났을 때 대비하는 방법을 알아본다. • 장소별/상황별 지진이 일어났을 때 대피하는 방법을 알아본다.
3. 지진해일 대피 방법 알아보기	• 지진해일의 개념과 발생원인을 알아본다. • 지진해일이 일어났을 때 대피하는 방법을 알아본다.

[출처: 학교안전교육 7대 표준안 교육 자료집(교육부,학교안전공제중앙회, 2023)]

지진 발생 시 단계별 유치원 조치 절차

상황 단계	조치 사항
1단계 안전확보 (지진 발생시)	**지진 발생 직후 머리 보호 및 책상 아래로 대피 지시** • 손, 책, 방석으로 머리를 보호하거나 책상 아래로 대피 • 출입문 개방, 약품, 가스, 전열기 차단(흔들린 후 화재 등 2차 재난방지) * 지진으로 크게 흔들리는 시간은 1~2분 정도
2단계 대피 (흔들림 멈춘 후)	**흔들림이 멈춘 후 지정된 대피경로에 따라 신속한 대피 지시** • 전교생 대피 지시 (방송, 호루라기, 타종 등) • 인솔교사 통제 하 머리를 보호한 상태로 정해진 대피경로를 따라 이동 지시 • 건물에서 신속하게 벗어나 넓은 공간으로 대피 • 인솔 교사는 대피 장소 학생 질서 유지와 불안증세를 호소하는 학생 대응

3단계
긴급대응 방안강구
(대책회의)

원장 주재로 초동 대처 및 향후 대책 결정
긴급대피 완료후

초동대처	• 학생 전원 대피 여부 파악 • 학생 안전 상태 파악 • 지진발생으로 인한 피해상황 파악(건물 손상)
향후대책결정	• 수업진행여부 • 귀가시 학생 안전대책(보호자 인계) • 학교 재난 대응반 운영사항 결정 * 여진이나 시설 점검 후 안전이 확보된 경우만 정상 수업 실시 * 대책 결정 근거: 국민안전처 및 기상청, 교육청 지자체 언론 등을 통한 지진 상황 모니터링

상황 단계	조치 사항
4단계 학생안전조치 (학생에 대한 후속조치)	**학생에 대한 안전조치 및 조치사항 전파** • 정상 수업 여부(보호자SNS전파) • 귀가 조치는 명확한 안전확보가 있는 경우만 실시, 학생 보호자 인계 절차 준수 ① 피해학생 후송시 담당교사 동행, 치료상황관련 수시 보고 ② 대피장소 안전확보 ③ 불안증세 대응
5단계 상황반 운영 (상황대처 및 보고체제 구축)	**교직원, 학생 상태 파악 및 피해상황 보고(교육청)** • 인명피해: 신체 피해, 불안호소자 신고 및 이송 • 시설피해: 건물, 수도,전기,통신망 * 피해가 심각한 경우 주민센터 신고 • 화재발생 여부 확인 및 조치 • 위급 상황시 교직원 간 연락체계 구축 • 사건 결정 행동에 대한 기록 **재난 대처 지속적 실시** • 재난 종료 시까지 학생 안전 관리 • 여진에 의한 추가피해 대비 철저
6단계 상황종료 상황반 해제	• 상황일지 작성 및 대응 결과, 특이사항 보고

[출처: 학교 현장 재난유형별, 교육훈련매뉴얼(교육부, 학교 안전 공제중앙회, 2021)]

상황과 장소별 행동요령

상황별 행동요령

지진이 흔들릴 때: 탁자 아래로 들어가 몸을 보호하고 탁자 다리를 꼭 잡는다.

지진이 멈췄을 때: 전기와 가스를 차단하고 문을 열어 출구를 확보한다.

건물 밖으로 나갈 때: 계단을 이용하여 신속하게 이동한다. (엘리베이터 사용 금지)

건물 밖으로 나왔을 때: 가방이나 손으로 머리를 보호하며 건물과 거리를 두고 주위를 살피며 대피한다.

대피장소 찾을 때: 떨어지는 물건에 유의하며 신속하게 운동장이나 공원등 넓은 공간으로 대피한다.

대피장소에서: 공공기관의 안내 방송등 올바른 정보에 따라 행동한다.

장소별 행동요령

집 안에 있을 때: 탁자 아래로 들어가 몸을 보호하고, 흔들림이 멈추면 전기와 가스를 차단하고, 문을 열어 출구를 확보한 후 밖으로 나간다.

집 밖에 있을 때: 떨어지는 물건에 대비하여 가방이나 손으로 머리를 보호하며 건물과 거리를 두고 운동장이나 공원 등 넓은 공간으로 대피한다.

엘리베이터에 있을 때: 모든 층의 버튼을 눌러 가장 먼저 열리는 층에서 내린 후 계단을 이용한다. (지진 시, 엘리베이터를 타면 안 됨)

백화점, 마트에 있을 때: 진열장에서 떨어지는 물건으로 몸을 보호하고 계단이나 기둥 근처에 있다가 흔들림이 멈추면 밖으로 대피한다.

극장, 경기장 등에 있을 때: 흔들림이 멈출 때까지 가방 등 소지품으로 몸을 보호하면서 자리에 있다가 안내에 따라 침착하게 대피한다.

전철이나 기차에 타고 있을 때: 손잡이나 기둥을 잡아 넘어지지 않도록 하고, 전철이 멈추면 안내에 따라 행동한다.

지진해일

행동요령

지진해일: 지진으로 바닷물이 흔들려서 커다란 파도가 생기는 것
- 높은 곳으로 대피한다.
- 시간이 없을 때는 주변 3층 이상의 높은 곳의 건물로 대피한다.
- 지진이 없더라도 바닷물이 갑자기 빠지거나 기차 같은 큰 소리가 날 때 지진해일의 징후임으로 신속하게 대피한다.
- 지진해일은 한 번이 아니라 여러 번 일어날 수 있으므로 해일이 지나갔다고 섣불리 낮은 지역으로 내려가지 않도록 한다.

2019년 추시 기출 5) 「아동복지법 시행령」[별표 6]에 근거해 ①(가)의 내용이 해당되는 교육의 명칭과 그 교육의 연간 최소 실시 시간을 쓰고, ② 빈칸의 ㉠에 들어갈 말을 쓰시오.
답안 - 재난대비 안전교육, 6시간
- 흔들림이 멈춘 이후

memo

자연재난 대설·한파·폭염·낙뢰 발생 시 대처 요령

학습목표 자연재해인 대설, 한파, 폭염, 낙뢰 발생 원인 및 대피 방법에 대해 알아본다.

누리과정 관련 요소

신체운동·건강	자연탐구	자연탐구
안전하게 생활하기	**탐구과정 즐기기**	**자연과 더불어 살기**
안전사고, 화재, 재난, 학대, 유괴 등에 대처하는 방법을 경험한다.	주변 세계와 자연에 대해 지속적으로 호기심을 가진다.	날씨와 계절의 변화를 생활과 관련 짓는다.

학습주제	학습의 중점
1. 대설 발생 시 대처 요령 알아보기	• 눈이 많이 왔을 때 좋은 점과 불편한 점을 알 수 있다. • 대설 발생 시 대처 방법을 알아본다.
2. 한파 발생 시 대처 요령 알아보기	• 추운 겨울 날씨에 외출로 걸릴 수 있는 질병을 알 수 있다. • 한파 발생 시 대처 방법을 알아본다.
3. 폭염 발생 시 대처 요령 알아보기	• 더운 여름 날씨에 외출로 걸릴 수 있는 질병을 알 수 있다. • 한파 발생 시 대처 방법을 알아본다.
4. 낙뢰 발생 시 대처 요령 알아보기	• 낙뢰의 위험성을 알 수 있다. • 장소에 따라 낙뢰 발생 시 대처 요령을 알아본다.

[출처: 학교안전교육 7대 표준안 교육 자료집(교육부, 학교안전공제중앙회, 2023)]

대설

주의보, 경보 발령 기준

• **대설주의보**: 24시간 신적 설량이 5cm이상 예상될 때
• **대설경보**: 24시간 신적 설량이 20cm이상 예상될 때
* 신적설량: 관측일 오전0시 1분부터 오후 11시 59분 사이(하루)에 내려서 쌓인 눈의 양

행동요령

• 산간 고립우려 지역에서는 식량, 연료등 비상물품을 준비한다.
• 집근처의 길가와 지붕위의 눈을 수시로 치운다.
• 될 수 있는 대로 외출을 자제한다.
• 외출 시에는 미끄러지지 않도록 바닥면이 넓은 운동화나 등산화를 신는다.
• 미끄러운 눈길을 걸을 때는 주머니에 손을 넣지 말고 장갑을 착용한다.
• 건널목이나 횡단보도를 건널 때에는 차량이 멈추었는지 확인하고 도로에 진입한다.
• 계단을 오르내릴 때는 난간을 잡고 다닌다.

한파

한파특보 발령 기준

• **한파주의보**: 아침 최저기온이 −12℃ 이하가 2일 이상 지속될 것으로 예상될 때
• **한파경보**: 아침 최저기온이 −15℃ 이하가 2일 이상 지속될 것으로 예상될 때

한파 발생 시 행동요령

• 난방과 온도 따뜻하게 유지하기
• 외출 시 동상에 걸리지 않도록 옷 입기
• 장기간의 외출 시 온수를 약하게 틀어 동파 방지하기

〈한랭질환〉
• 저체온증: 심부체온이 35℃ 미만으로 떨어지는 상태
• 동상: 피부 및 피하조직이 동결하여 조직이 손상된 상태

memo

폭염

폭염 특보 발령 기준

- **폭염주의보**: 일 최고기온이 33℃ 이상인 상태가 2일 이상 지속될 것으로 예상될 때
- **폭염경보**: 일 최고기온이 35℃ 이상인 상태가 2일 이상 지속될 것으로 예상될 때

폭염 대비 건강수칙

- 규칙적인 물 섭취
- 실외 및 야외 활동 자제
- 시원하게 지내기 (실내 적정온도 유지)
- 균형있는 식사하기
- 갑작스러운 찬물 샤워 자제하기

온열질환

- **열사병**: 몸의 열을 발산하지 못해 40℃ 이상의 고열, 의식 장애가 생기는 상태 → 미지근한 물로 몸을 적셔 체온내리기
- **열실신**: 폭염으로 인해 어지럼증을 느끼거나 일시적으로 실신하는 상태 → 시원하고 평평한 곳에 눕기
- **열경련**: 우리 몸에 꼭 필요한 수분과 염분이 빠져나가 생기는 상태 → 이온음료, 식염수 섭취, 시원한 곳에서 휴식하기
- **울열증**: 체온은 매우 높지만 땀이 나지 않고 두통과 구토를 하는 상태 → 미지근한 물로 몸을 적셔 체온 내리기

낙뢰

장소별 행동요령

가정에서 낙뢰 칠 때
- 날씨예보를 듣고 외출 자제하기
- 전기제품 플러그 빼기
- 전기 제품에서 떨어지기

야외에서 낙뢰 칠 때
- 몸을 낮게 하고 움푹 파인 곳으로 대피하기
- 낮은 지대에서 몸을 굽히고 다리를 오므리고 엎드려 있기
- 길고 가는 물건 등을 몸에서 떨어뜨리기
- 차에 있을 경우 차를 세우고 그대로 안에 있기
- 물가에서 떨어지기
- 펜스, 철제난간, 레일 등 금속의 물건에서 떨어져 있기
- 주위에 건물이 있으면 내부로 들어가 낙뢰가 멈출 때까지 기다리기

산에서 낙뢰 칠 때
- 낮은 데로 이동하기
- 키 큰 나무 밑을 피하기
- 등산지팡이나 우산 등을 땅에 뉘어 놓고 몸에서 떨어트리기
- 야영 중일 때 침낭을 깔고 앉아 몸을 웅크리기
- 바위나 높은 곳에는 낙뢰가 떨어지기 쉬우므로 동굴이나 낮은 지대로 피하기

낙뢰 맞았을 때 조치

- 낙뢰로부터 안전한 장소로 옮긴다.
- 구조해 내면 이름을 부르는 등 의식 여부를 살핀다.
- 의식이 없으면 즉시 기도를 열어 호흡을 하는지 확인하고, 호흡을 하지 않으면 인공호흡과 함께 심장마사지를 한다.
- 의식이 있는 경우에는 자신이 가장 편한 자세로 안정시킨다.
- 환자가 흥분하거나, 떠는경우에는 말을 걸며 침착하게 대처한다.
- 환자의 의식이 분명하고 건전해 보여도, 감전은 몸의 안쪽 깊숙이까지 화상을 입는 경우가 있으므로 빨리 응급병원에서 진찰을 받아야 한다.

자연재난   황사 및 미세먼지 발생 시 대처 요령

학습목표
자연재해인 황사 및 미세먼지 발생 시 대처 방법에 대해 알아본다.

누리과정 관련 요소

신체운동·건강	자연탐구	자연탐구
안전하게 생활하기	**탐구과정 즐기기**	**자연과 더불어 살기**
안전사고, 화재, 재난, 학대, 유괴 등에 대처하는 방법을 경험한다.	주변 세계와 자연에 대해 지속적으로 호기심을 가진다.	날씨와 계절의 변화를 생활과 관련짓는다.

학습주제	학습의 중점
1. 황사 및 미세먼지 위험단계 이해하기	• 황사 및 미세먼지가 우리 몸에 미치는 영향을 알 수 있다. • 미세먼지 예보 등급에 따라 안전수칙이 다름을 알 수 있다.
2. 황사 및 미세먼지 대처 방법 알아보기	• 황사 및 미세먼지 발생 시 대처하는 방법을 알 수 있다. • 평소에 미세먼지를 대피하는 방법을 알아본다.
3. 마스크의 중요성과 바른 착용법 알아보기	• 미세먼지의 위험성을 알 수 있다. • 마스크의 중요성을 알고 바르게 착용해볼 수 있다.

[출처: 학교안전교육 7대 표준안 교육 자료집(교육부, 학교안전공제중앙회, 2023)]

미세먼지

관련 법

「**미세먼지 저감 및 관리에 관한 특별법**(약칭: 미세먼지법)」 제2조(정의) 1. "**미세먼지**"란 「대기환경보전법」 제2조제6호에 따른 먼지 중 다음 각 목의 흡입성먼지를 말한다.
가. 입자의 지름이 10마이크로미터 이하인 먼지(PM-10: **미세먼지**)
나. 입자의 지름이 2.5마이크로미터 이하인 먼지(PM-2.5: **초미세먼지**)

예측·발표의 등급 기준

「**대기오염 예측·발표의 대상지역 및 기준과 내용 등에 관한 고시**」 제2조 「**대기환경보전법 시행령**」 제1조의2 제3항의 "대기오염도 예측·발표의 기준과 내용"이라 함은 다음 각 호와 같다.
1. 예측·발표의 기준
가. 대기오염도 예측결과에 따라 좋음, 보통, 나쁨, 매우 나쁨의 4단계 등급으로 발표한다. 대상오염물질별 등급기준은 다음과 같다.

〈예측·발표의 등급 기준〉

미세먼지 농도 (µg/m³, 일평균)	등급			
	좋음	**보통**	**나쁨**	**매우 나쁨**
PM10	0~30	31~80	81~150	151 이상
PM2.5	0~15	16~35	36~75	76 이상
O3ppb(1시간)	0~30	31~90	91~150	151 이상

대기오염물질의 농도기준

「**대기환경보전법 시행규칙**」
제14조(대기오염경보 단계별 대기오염물질의 농도기준) 영 제2조제3항에 따른 대기오염경보 단계별 대기오염물질의 농도기준은 별표 7과 같다.
[별표 7] 대기오염경보 단계별 대기오염물질의 농도기준(제14조 관련)

대상 물질	단계	발령기준
미세먼지 (PM-10)	주의보	기상조건 등을 고려하여 해당지역의 대기자동측정소 PM-10 시간당 평균농도가 150µg/m³ 이상 2시간 이상 지속인 때
	경보	기상조건 등을 고려하여 해당지역의 대기자동측정소 PM-10 시간당 평균농도가 300µg/m³ 이상 2시간 이상 지속인 때
초미세 먼지 (PM-2.5)	주의보	기상조건 등을 고려하여 해당지역의 대기자동측정소 PM-2.5 시간당 평균농도가 75µg/m³ 이상 2시간 이상 지속인 때
	경보	기상조건 등을 고려하여 해당지역의 대기자동측정소 PM-2.5 시간당 평균농도가 150µg/m³ 이상 2시간 이상 지속인 때
오존	주의보	기상조건 등을 고려하여 해당지역의 대기자동측정소 오존농도가 0.12ppm 이상인 때
	경보	기상조건 등을 고려하여 해당지역의 대기자동측정소 오존농도가 0.3ppm 이상인 때
	중대 경보	기상조건 등을 고려하여 해당지역의 대기자동측정소 오존농도가 0.5ppm 이상인 때

황사 및 미세먼지 단계별 유치원 조치 절차

상황 단계	조치 사항
1단계 예방.대비	• 황사. 미세먼지 대비 안전 계획 수립 　* 미세먼지 발생 시 대처방안 숙지 　* 보호자 배상연락망 구축, 학생 피해 예방 대응조치 지도 • 예, 경보 및 기상특보 기준 숙지 • 대응 건강관리 및 행동 요령 교육 　- 유아, 학부모 대상 가정통신문 발송 및 교육 실시 　- 마스크 착용 및 귀가 후 얼굴, 손 씻기, 외출 자제, 수분 섭취 등 행동 요령 안내 • 야외 수업, 현장 체험학습 등에 대한 일정 조정 검토 　* 미세먼지 상황 대비 실외 수업 대체를 위한 사전계획 마련 • 호흡기 질환 등 민감군 학생 관리대책 마련 • 시설 사전 점검(학교급식 위생관리 및 창문 밀폐 여부) 　* 보건용 마스크 상비약 비치 점검 • 미세먼지 당일 '나쁨' 이상 시 실외수업 자제
2단계 주의보 발령	• 황사. 미세먼지 예, 경보 상황 수시 확인 • 비상 상황(인명 피해) 발생 시 보고 철저(교육청, 소방서) 　- 피해 내용, 현재 학교 조치사항, 향후 계획 등 • 황사, 미세먼지 발생 대비 행동요령 교육 • 실외수업 단축 또는 금지 • 원장은 등하교시간 조정을 검토하고, 등하교시간 조정을 결정하는 즉시 학무모에게 안내 　* 등하교시간 조정 또는 휴업 결정시 휴업대체프로그램 운영여부를 함께 결정하여 해당 사항을 학부모에게 안내하고 시,도교육청에 보고 • 시설 사전 점검(식재료 세척, 조리 때 위생 철저) • 생활지도: 물을 자주 마시고 비누 이용, 30초 손 씻기 • 호흡기 질환 등 민감군 및 고위험군 학생 관리대책 이행
3단계 경보 발령	• 황사. 미세먼지 담당자는 예, 경보 상황 수시 확인 • 황사, 미세먼지 발생 대비 행동 요령 교육 • 황사, 미세먼지 관련 질환자 파악하고 특별관리(조기 귀가, 진료) • 야외 수업 전면 금지, 등하교 시간조정, 단축수업 실시 • 휴업조치 검토, 교육청 또는 유치원 재량으로 결정된 사항은 학부모에게 신속히 통보, 휴교 시 교육청에 즉시 보고 • 호흡기 질환 등 민감군 및 고위험군 학생 관리대책 이행
4단계 후속조치	• 실내외 방역 및 청소 시행, 실내공기 환기, 오염된 물품 세척 • 피해 학생나 교직원 상황 파악 후 사후조치:조기 귀가 조처 등 • 전염병 대비 방역 및 청소 실시 • 조치 결과 보고

[출처: 학교 현장 재난유형별, 교육훈련매뉴얼(교육부, 학교안전공제중앙회, 2021)]

올바른 마스크 착용법

① 마스크를 만지기 전 손씻기
② 고정심 잡고 턱, 코, 입 완전히 가리기
③ 끈을 연결고리에 걸기
④ 양 손가락으로 코에 밀착되게 심 누르기
⑤ 양손으로 마스크를 고정하고 바람이 새는 부분 있는지 확인하기

6. 직업안전교육

학교안전교육 실시 기준 등에 관한 고시 [시행 2020. 1. 1.] [교육부고시 제2019-214호, 2020. 1. 1., 일부개정]		
교육시간	**교육내용**	**교육방법**
2	1. 일터 안전의 중요성 및 안전을 위해 지켜야 할 일 알기 2. 일터 안전시설 현장 체험하기	1. 학생 발달 수준을 고려한 전문가 또는 교원 설명 2. 학생 참여 수업 방법 연계 적용 (🅜 역할극, 프로젝트 학습, 플립러닝 등) 3. 교내외 체험교육 또는 현장학습 4. 일상생활을 통한 반복 지도 및 부모 교육 연계
횟수		
학기당 1회 이상		

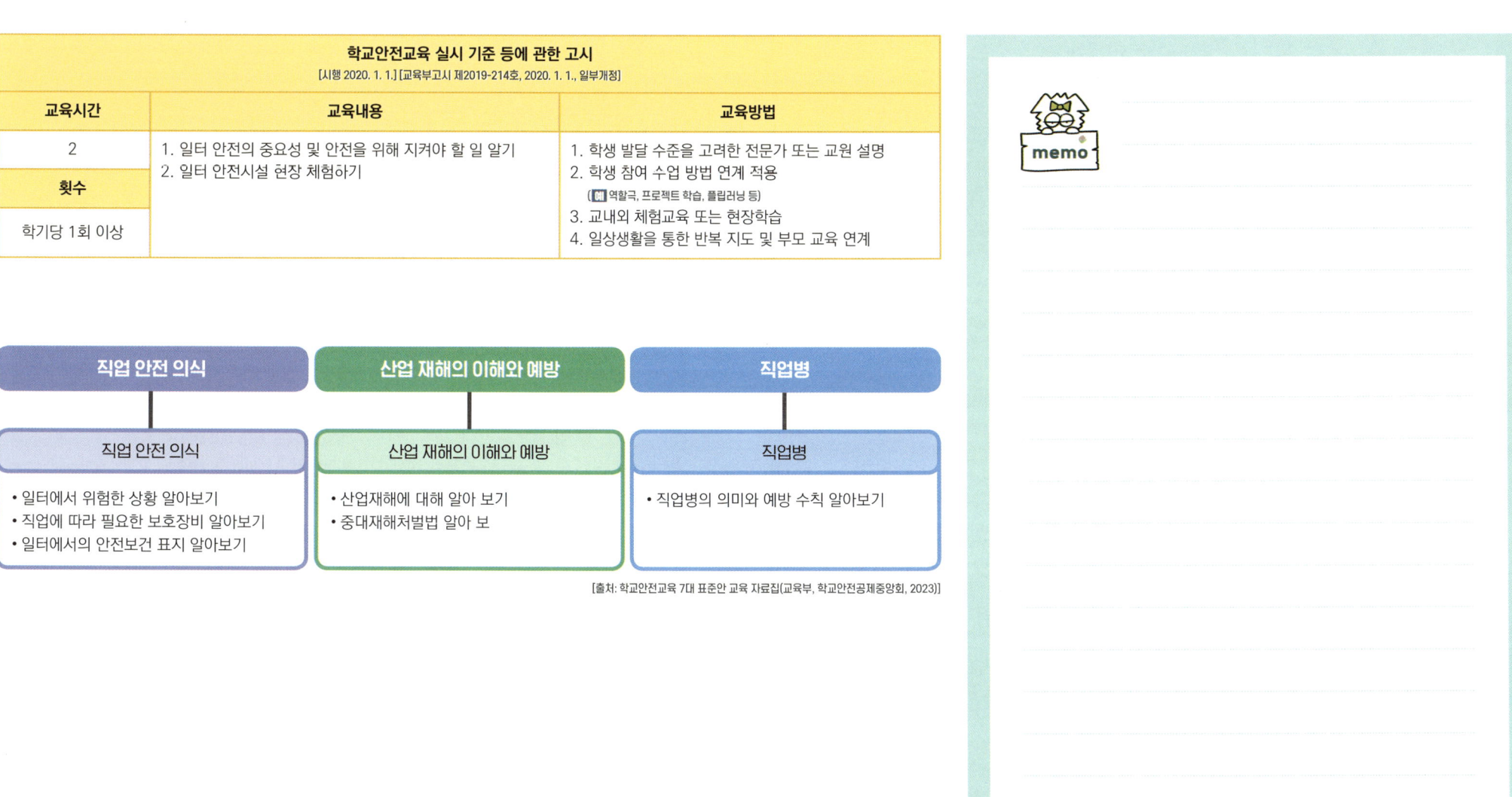

직업 안전 의식	산업 재해의 이해와 예방	직업병
직업 안전 의식	**산업 재해의 이해와 예방**	**직업병**
• 일터에서 위험한 상황 알아보기 • 직업에 따라 필요한 보호장비 알아보기 • 일터에서의 안전보건 표지 알아보기	• 산업재해에 대해 알아 보기 • 중대재해처벌법 알아 보	• 직업병의 의미와 예방 수칙 알아보기

[출처: 학교안전교육 7대 표준안 교육 자료집(교육부, 학교안전공제중앙회, 2023)]

memo

직업 안전 의식

직업 안전 의식

학습목표: 장소와 직업에 따라 다칠 수 있음을 알고 안전하게 일하는 방법을 알 수 있다.

누리과정 관련 요소

- **신체운동·건강** — 안전하게 생활하기: 안전사고, 화재, 재난, 학대, 유괴 등에 대처하는 방법을 경험한다.
- **신체운동·건강** — 건강하게 생활하기: 질병을 예방하는 방법을 알고 실천한다.
- **사회관계** — 사회에 관심 가지기: 내가 살고 있는 곳에 대해 궁금한 것을 알아본다.

학습주제	학습의 중점
1. 일터에서 위험한 상황 알아보기	• 일터마다 위험한 상황이 있음을 알아본다. • 위험한 상황에서 안전하게 일할 수 있는 방법을 알 수 있다.
2. 직업에 따라 필요한 보호장비 알아보기	• 장소와 직업에 따라 필요한 보호장비가 있음을 안다. • 보호장비 착용으로 안전하게 일할 수 있음을 알 수 있다.
3. 일터에서의 안전보건표지 알아보기	• 일터에서 위험한 장소와 물건에 안전표지판을 부착해야함을 안다. • 위험의 정도에 따라 금지, 경고, 지시, 안내표지가 있음을 알아본다.

[출처: 학교안전교육 7대 표준안 교육 자료집(교육부, 학교안전공제중앙회, 2023)]

일터에서 위험한 상황

장소에 따른 일터에서 위험한 상황

- **소방서에서 일하시는 분들**
  화재 상황에 출동할 때, 사람이나 동물을 구조할 때 등
- **공사장에서 일하시는 분들**
  위에서 물건이 떨어질 때, 높은 곳에서 발을 잘 못 디뎠을 때, 땅을 파다가 조각이 눈에 들어갈 때 등
- **배달 일하시는 분들**
  자동차나 오토바이를 타고 배달할 때, 무거운 짐을 나를 때 등

일터에서 일어날 수 있는 안전사고 및 예방 대책

안전사고	예방대책
골절	• 보안경, 장갑, 안전모 등의 보호구 착용 • 무리한 작업 금지
떨어짐	• 2인 1조 작업 • 전도방지용 사다리 사용
감전	• 절연장갑등 보호구 착용 • 이물질 제거시 진공청소기 사용
화상	• 프라이팬에 물기가 들어가지 않도록 주의 • 조리 시 적정한 안전거리 유지
화학물질접촉	• 내산성 보호구 착용 • 보관용기에 경고표지 부착

보호구

근로자의 신체 일부 또는 전체에 착용해 외부의 유해, 위험요인을 차단하거나 그 영향을 감소시켜 산업 재해를 예방하거나 피해의 정도와 크기를 줄여주는 기구

안전모 / 안전화 / 안전장갑 / 방진마스크 / 방독마스크 / 송기마스크

전동식 호흡보호구 / 보호복(방열) / 안전대 / 보안경 / 보안면 / 귀마개(귀덮개)

안전보건표지

「산업안전보건법 시행규칙」제38조(안전보건표지의 종류·형태·색채 및 용도 등) ① 법 제37조제2항에 따른 안전보건표지의 종류와 형태는 별표 6과 같고, 그 용도, 설치·부착 장소, 형태 및 색채는 별표 7과 같다.

② 안전보건표지의 표시를 명확히 하기 위하여 필요한 경우에는 그 안전보건표지의 주위에 표시사항을 글자로 덧붙여 적을 수 있다. 이 경우 글자는 흰색 바탕에 검은색 한글고딕체로 표기해야 한다.

③ 안전보건표지에 사용되는 색채의 색도기준 및 용도는 별표 8과 같고, 사업주는 사업장에 설치하거나 부착한 안전보건표지의 색도기준이 유지되도록 관리해야 한다.

④ 안전보건표지에 관하여 법 또는 법에 따른 명령에서 규정하지 않은 사항으로서 다른 법 또는 다른 법에 따른 명령에서 규정한 사항이 있으면 그 부분에 대해서는 그 법 또는 명령을 적용한다.

[별표 6] 안전보건표지의 종류와 형태(제38조제1항 관련)

산업재해의 이해와 예방

산업재해의 이해와 예방

학습목표: 산업재해와 중대재해처벌법에 대해 알아보고 산업재해의 위험성을 인식한다.

누리과정 관련 요소

- **신체운동·건강** — 안전하게 생활하기: 일상에서 안전하게 놀이하고 생활한다.
- **신체운동·건강** — 안전하게 생활하기: 안전사고, 화재, 재난, 학대, 유괴 등에 대처하는 방법을 경험한다.
- **의사소통** — 듣기와 말하기: 자신의 경험, 느낌, 생각을 말한다.

학습주제	학습의 중점
1. 산업재해에 대해 알아보기	• 산업재해의 의미를 알아보고 위험성을 인식한다. • 산업재해의 주요 사고발생 유형 알아보기
2. 중대재해처벌법 알아보기	• 중대재해 처벌법이 무엇인지 알아본다. • 중대재해 처벌법을 제정한 이유에 대해 알아본다.

[출처: 학교안전교육 7대 표준안 교육 자료집(교육부, 학교안전공제중앙회, 2023)]

산업재해

의미
건설물·설비·원재료·가스·증기·분진 등에 의하거나 작업 또는 그 밖의 업무로 인하여 사망 또는 부상하거나 질병에 걸리는 것

다양한 산업재해의 주요 사고발생 유형과 상황
- 넘어짐: 작업 중 장애물에 걸리거나 바닥 물기에 넘어짐
- 끼임: 바퀴나 기계에 끼임
- 부딪힘: 작업 중 차량에 부딪힘
- 맞음: 작업 중 떨어지는 물체에 맞음
- 깔림: 작업 중 주변의 구조물에 깔림
- 화재, 폭발: 가스 사용 중 화재나 폭발
- 감염: 작업 중 식물이나 오염물질에 의한 감염
- 질식: 산소결핍에 의한 질식

중대재해처벌법

중대재해

「중대재해 처벌 등에 관한 법률(약칭: 중대재해처벌법)」 제2조(정의) 이 법에서 사용하는 용어의 뜻은 다음과 같다.
1. "중대재해"란 "중대산업재해"와 "중대시민재해"를 말한다.
2. "중대산업재해"란 「산업안전보건법」 제2조제1호에 따른 산업재해 중 다음 각 목의 어느 하나에 해당하는 결과를 야기한 재해를 말한다.
   가. 사망자가 1명 이상 발생
   나. 동일한 사고로 6개월 이상 치료가 필요한 부상자가 2명 이상 발생
   다. 동일한 유해요인으로 급성중독 등 대통령령으로 정하는 직업성 질병자가 1년 이내에 3명 이상 발생
3. "중대시민재해"란 특정 원료 또는 제조물, 공중이용시설 또는 공중교통수단의 설계, 제조, 설치, 관리상의 결함을 원인으로 하여 발생한 재해로서 다음 각 목의 어느 하나에 해당하는 결과를 야기한 재해를 말한다. 다만, 중대산업재해에 해당하는 재해는 제외한다.
   가. 사망자가 1명 이상 발생
   나. 동일한 사고로 2개월 이상 치료가 필요한 부상자가 10명 이상 발생
   다. 동일한 원인으로 3개월 이상 치료가 필요한 질병자가 10명 이상 발생

중대재해처벌법

「중대재해 처벌 등에 관한 법률(약칭: 중대재해처벌법)」 제1조(목적) 이 법은 사업 또는 사업장, 공중이용시설 및 공중교통수단을 운영하거나 인체에 해로운 원료나 제조물을 취급하면서 안전·보건 조치의무를 위반하여 인명피해를 발생하게 한 사업주, 경영책임자, 공무원 및 법인의 처벌 등을 규정함으로써 중대재해를 예방하고 시민과 종사자의 생명과 신체를 보호함을 목적으로 한다.

직업명 직업병

성취기준 진로명의 의미에 대해 이해하고 예상하기 위한 자기에 제 인지장수식이 대해 알아본다.

주요지도요소

- 인지장동·강점
  인지하게 사용하기
  인지장, 동적, 자세, 자리 등의 외부 대처하여 인지장이 강장한다.

- 신체활동·강점
  강장하게 사용하기
  강정을 예상할 수 있는 강장을 알아본다.

- 사회관계
  사회에 관심 가지기
  내가 관심 갖고 있는 것에 대해 공통된 강정을 얻어낸다.

학습주제	학습 활동
	1. 진로명의 의미에 대해 알아본다. • 진로명의 예상하기 위한 자기에 제 인지장수식이 있다.

[출처: 학교진로교육 7차 표준안 자료 교육부, 한국직업능력연구원, 2023]

직업명

의미
• 몸 가지고 있게 인지하여 알 때, 진로명이 된 수 있다.
• 진로병, 특정병, 우울병, 다양한 강정을 인지에서 말 수 있는 강정이 있다.
• 사람은 강정을 인지할 수 있다.

진로병 예상수식
• 진로병을 예상하고 강장을 가지하기
• 아들 때 병원에 알아보기
• 진로병 예상수식을 있는 "강장 병뜨기"가 있으며, 강장을 인지하고, 가장에 인지하기

7. 응급처치교육

학교안전교육 실시 기준 등에 관한 고시			
[시행 2020. 1. 1.] [교육부고시 제2019-214호, 2020. 1. 1., 일부개정]			
교육시간		교육내용	교육방법
2		1. 응급 상황 알기 및 도움 요청하기 2. 119 신고와 주변에 알리기 3. 손 씻기와 소독하기 등 청결 유지하기 4. 상황별 응급처치 방법 알기	1. 학생 발달 수준을 고려한 전문가 또는 교원 설명 2. 학생 참여 수업 방법 연계 적용 (예 역할극, 프로젝트 학습, 플립러닝 등) 3. 교내외 체험교육 또는 현장학습 4. 일상생활을 통한 반복 지도 및 부모 교육 연계
횟수			
학기당 1회 이상			

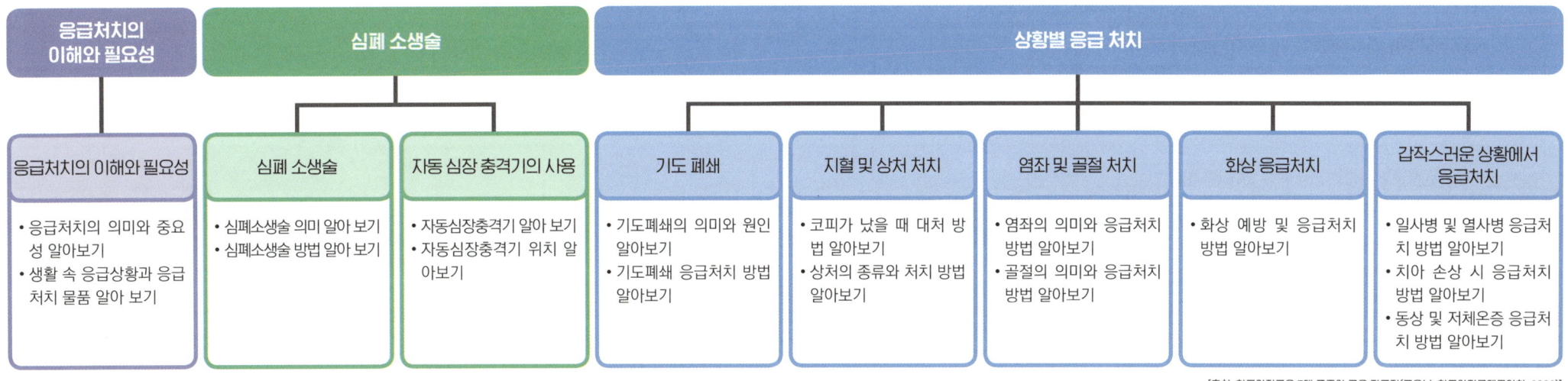

[출처: 학교안전교육 7대 표준안 교육 자료집(교육부, 학교안전공제중앙회, 2023)]

2021 기출 A-5-1) 「학교안전교육 실시 기준 등에 관한 고시」에 근거하여 ⓒ(뭔가 귀에 들어간 상황이 위험하다고 인지하고 빨리 도와달라고 해서 응급처치가 신속하게 이루어진 것 같아요….)에 해당하는 '응급처치교육'의 내용 1가지를 쓰시오.
답안 응급상황 알기 및 도움 요청하기

2023 기출 A 5-1) '학교안전교육 7대 영역'(「학교안전교육 실시 기준 등에 관한 고시」의 [별표2] 중 '손 씻기와 소독하기 등 청결 유지하기'의 내용이 들어 있는 영역 이름 쓰기
답안 응급처치교육

응급환자의 이해와 응급처치

응급환자의 이해인 응급처치

학습주제	학습의 중점
1. 응급환자의 의미와 중요성 알아보기	• 응급환자의 의미와 중요성을 인식한다. • 안전한 생활 태도의 중요성을 인식한다.
2. 생활 속에서 응급환자 발생 원인과 응급처치 알아보기	• 응급 시 필요한 응급처치 방법을 알아본다. • 응급상황 시 평소의 응급처치 훈련 필요성을 인식할 수 있다.

[출처: 학교안전교육 7대 표준안 교사용 지도서(교육부, 학교안전공제회, 2023)]

수업진행 관련 요소

```
신체활동·건강     신체활동·건강        사회관계
인지하여 사용하기  인지하여 사용하기     나를 알고 조중하기
                  느끼고, 알고, 이해하고  내가 활동 중 응급
                  표현하기 등의 대처하는  상황에서 인지하고
                  능력을 기른다.         도움을 요청한다.
                                        
```

학습목표 응급환자의 의미와 중요성을 인지하고, 생활 속에서 발생한 응급환자의 응급처치 방법을 알 수 있다.

응급처치

관련 법령

「응급의료에 관한 법률」 제2조(정의): "응급환자"란 3. "응급처치"란 응급의료행위의 하나로서 응급환자의 기도의 확보, 심장박동의 회복, 그 밖에 생명의 위험이나 증상의 악화를 방지하기 위하여 긴급히 필요로 하는 처치를 말한다.

「응급의료에 관한 법률」 제5조의2(응급의료자 등) ① 생명이 위급한 응급환자에게 다음 각 호의 어느 하나에 해당하는 응급의료 또는 응급처치를 제공하여 발생한 재산상 손해와 사상(死傷)에 대하여 고의 또는 중대한 과실이 없는 경우 그 행위자는 민사책임과 상해(傷害)에 대한 형사책임을 지지 아니하며 사망에 대한 형사책임은 감면한다. 다만, 다음 각 호의 어느 하나에 해당하는 행위자가 해당 응급환자에 대하여 규정된 구체적 또는 「의료법」 제27조에 따른 무면허 의료행위 금지를 위반하여 처벌을 받는 경우에는 그러하지 아니한다.

② 「응급의료에 관한 법률」 제2조제1호에 따른 응급환자에게 해당 재산상 손해와 사상에 대하여 고의 또는 중대한 과실이 없는 경우 그 행위자는 민사책임을 지지 아니한다.

「응급의료에 관한 법률」 제2조(정의) 중 "응급의료종사자"란 응급의료에 관한 교육을 받고 이를 증명할 수 있는 자격을 가진 사람을 말한다.(응급구조사등에 한정되지 않는 전문적인 활동)

• 인근한 상황에서 응급환자의 구명활동을 하여 생명을 구하는 데 매우 중요한 요소가 된다.

응급환자의 응급처치

기본응급처치 요령

1. **응급 조치 및 상황 요소 체계**
   • 사고나 응급환자의 발생원인 등 없이 정신을 잃고 쓰러진 경우, 사고자와 사고자 자신과 주변을 보호하는 목적의 안전 확보를 한다.
   • 119에 신고한다. (응급의료체계에 의존하여 응급조치, 응급처치, 응급이송 등의 응급의료 활동이 진행될 수 있도록 한다.)

2. **1차 평가 및 응급처치**
   • 환자의 생명과 직결되는 의식 여부, 기도(氣道)의 유지 여부, 호흡 상태, 순환(순환) 등을 빨리 평가한다.
   • 응급처지 훈련이나 이에 대한 의료지식이 있다면 흉부, 출혈 유무 등 등을 빠짐없이 평가한다.
   • 환자의 가까이 있을 때에는 거리(안전한 자리에서 볼 만한 주위 여건 등 중요한 요소 등), 자세가 있고 반응을 알아보기 원한다.
   • 환자가 의식이 있는 경우에는 환자가 말할 수 있고, 호흡을 할 수 있다.
   • 의식 없는, 기도확보, 인공호흡(119), 의료기기(제세동, 경동(心), 산소(氧) 공급 등이 필요하기도 하다.

3. **2차 평가 및 응급처치**
   • 고사장의, 통증 등을 주증 확인 후 손상(損傷), 골절, 사고 유무, 아지러움, 통증(噁心) 등이 있는지 확인 후 맞추고 응급처치를 한다.
   • 의식이 없는 환자의 경우, 가족 등을 호소할 대상자에게 환자의 병력 등 급성 증상의 원인이 될 만한 과거의 병력이나 약을 조사한다.
   • 환자를 운반할 때에 다친 부위를 움직이지 않도록 거의 안전하게 지지해야 한다.
   • 정신적, 안정하고, 맞춤한다.
   • 경추 손상이 의심될 경우나 의식을 잃어서 자신의 상태를 알릴 수 없는 환자 등은 반드시 자세하게 관찰해야 한다.

응급환자의 이동요령

• 119에 신고할 때 표출 그 자리에서 응급조치를 자원한다.(응급의료종사자가 도착할 때까지 응급처치 활동)
• 의식이 있는 환자라도 119구조대를 기다리며 편안한 상태에서 안정을 유지시키고 움직임을 최소화시키도록 한다.

92

유치원 안전사고 예방 및 대응

안전 점검

1. 학교안전사고는 교육활동 중에 발생한 사고로서 유아·교직원 또는 교육활동참여자의 생명 또는 신체에 피해를 주는 모든 사고 및 학교급식 등 유치원장의 관리, 감독에 속하는 업무가 직접 원인이 되어 발생하는 질병을 말한다.
2. 안전사고 예방을 해 학교시설과 장소(소방시설 및 화재대피시설, 비상탈출구, 운동장, 놀이시설, 실험실습 시설, 체육시설, 교실(출입문 포함)·복도·난간·계단·현관·교문, 그 밖에 안전점검이 필요하다고 인정되는 시설)에 대한 안전 여부, 정리 정돈 및 청결 상태를 연 2회 이상 점검해야 한다.
3. 실내의 학교시설 및 장소에 안전 표지물 등 안내 불(예: 위험표시 등)을 붙이고, 비상시의 대피경로로 안내문 게시, 시설 안전 관리대장 작성·관리해야한다.
4. 학교시설 안전 관리 기준에 따라 건축물, 전기시설, 설비시설, 가스시설, 소방시설, 실험·실습 시설을 연 1회 이상 점검 후 결과는 2개월 이내에 교육감에게 보고해야 한다.
5. 가스 용량 4000m³ 이상 사용할 경우 안전관리자를 두어 가스시설의 안전유지 및 운용에 관한 직무를 수행하도록 되어 있으므로 유치원장은 이 사항을 확인하여 필요한 조치를 취해야 한다.
6. 교육감 또는 학교장 등은 학교안전사고 예방 및 보상에 관한 법률 제6조 제2항에 따른 안전 점검 및 정밀안전진단 실시 결과를 시·도 교육청, 해당 학교(유치원 인터넷홈페이지를 통하여)에서 정하는 바에 따라 공개하여야 한다.

응급상황을 위한 사전준비

① 사고상황에서의 역할을 분담해 두어야 한다.

교사 간 역할 분담: 교사 간의 역할 분담을 평상시와 비상시를 나누어야 해두면 당황하지 않고 상황에 신속하게 대응할 수 있다.

② 응급 상황이나 안전사고 발생 시 도움을 구할 수 있는 곳의 전화번호를 쉽게 찾을 수 있도록 준비해 둔다. (*비상 연락망 확보)
③ 응급 상황이나 안전사고 발생 시 교사가 취할 수 있는 응급처치법을 알아두고 상황에 따라 참고할 수 있는 **응급처치 매뉴얼**을 쉽게 꺼낼 수 있는 곳에 비치하도록 한다.
④ 응급 상황이나 안전사고 발생 시 사용할 수 있는 **비상 의약품과 기구를 준비**해 두어야 한다.
⑤ 치료 시 알아두어야 할 영유아에 대한 개인정보를 미리 수집하여 기록·보관해두고 응급 상황의 대처 과정에 필요한 부모의 동의를 구하는 **응급처치동의서**(비상연락망 및 응급처치 동의서)를 미리 받아두고 필요한 정보를 준비해 둔다.
⑥ 영유아교육기관에서는 사고 발생 **24시간 이내에 사고보고서**를 작성하여 1부는 부모에 전달하고 1부는 영유아 개인파일에 보관하며 작성된 사고보고서를 토대로 위험물 제거 및 교정 활동 계획을 수립한다.
⑦ 장기간에 걸친 의료치료를 받아오거나 특이체질일 때 응급 상황에서 특별한 보호가 필요하다.
⑧ 구급약품 준비
 • 구급약품은 전용상자에 담아 영유아의 손이 닿지 않는 신선한 곳에 보관
 • 약품들의 정기적인 점검을 통해 약품의 유통기한을 확인
 • 야외활동에서 필요한 휴대용 구급약품을 별도로 준비

[출처: 건강·안전 관리 길라잡이(배포용) (교육부, 2020)]

2018년 기출 A-4-4) 다음에 들어갈 말을 쓰시오.
답안 - 유치원에서는 매년유아 입학 시 안전사고에 대비하여 유아에 대한 (응급처치)동의서를 받아 비치해두고 있다.
- 사고 발생 24시간 이내에 (사고보고서)를 작성하여 부모에게 전달한다.

2020년 기출 A 4-2) ⓒ에 해당하는것을 쓰시오.
답안 역할 분담표

2021년 기출 A 5-1) 유아의 귀에 뭔가 들어가 응급처치를 해야하는 상황에서 보호자 모두 전화를 받지 않을 때, 이때를 대비해서 학기 초에 받아 놓은 서류를 쓰시오.
답안 응급처치동의서

유치원 사건사고 대처 요령

안전사고 발생 시

1. 초기 단계
- 신속하게 응급 여부를 판단하여, 현장에서 가능한 응급처치 실행 및 응급의료기관 (보건복지부 지정) 후송 등 구호 조치한다.
- 현장학습 등 외부에서 차량 사고 등의 경우는 유아들을 안전지대로 신속하게 이동시킨다.
- 유치원장 및 학부모와 관련자, 유치원감에게 즉시 보고하며, 유치원장은 지체없이 관할 교육감 또는 교육장에게 보고한다.

2. 경과 단계
- 사고 원인을 파악하고 사고 보고서를 작성한다.
- 사고 직후 초기 대응 및 경과 과정을 상세히 작성하여 유치원장 또는 원감에게 즉시 보고한다.
- 유치원 원장은 사고원인, 처리 과정 및 향후 수습방안을 관할 교육감 또는 교육장에게 보고한다.

3. 사후 조치 단계
- 유치원장은 사고수습 방안에 따라 대응이 완료되었는지를 확인하고, 사안의 중요성에 따라 교육지원청에 보고한다.(재발방지책 포함).
- 유치원은 안전사고 사안에 따라 관련자에게 학교안전공제회 보상 신청을 안내한다.

사건사고 발생 시 보고체계

사안 발생 시 보고 여부를 판단한 후 사건 인지 또는 보고받은 시점으로부터 즉시 보고한다.

① **보고 순서**: 유치원 → 교육지원청 → 시·도교육청 → 교육부

교육부 교육청 보고 여부 판단 기준
1. 원아나 교직원 사망 또는 입원 치료가 필요한 중상해 사고 발생 시
2. 유치원 밖에서 각종 재난 및 대형 사고, 유치원 주관 또는 공동참여 행사로 인한 원생 사망 또는 3명 이상의 손상사고 발생 시
3. 유치원 현장에서 사망을 초래할 수 있는 신종 감염병 최초 발생시 및 「**감염병의예방 및 관리에 관한 법률**」제2조에 의한 감염병의 집단 유행 및 확산 시 (단, 보건소 등 감염병 관리 기관에 신고 병행)
4. 화재 사고 발생 시
5. 기타 사회적 파문이 예상되는 사건·사고(아동학대, 성 관련 사건 등) 및 국가적 대응이 필요한 사고 발생 시

② **보고체계 및 방법**
- **유치원**
  - 사건·사고 또는 재난 발생 시 '보고 대상 여부(지원필요)'를 판단
  - 보고 및 지원이 필요한 경우 교육지원청 담당자에게 상황을 우선 유선으로 보고하고, 교육청의 지도를 받아 서면보고
  - * 우선으로 인명 대피, 소방서 신고, 비상 연락, 진화 등의 긴급조치 후 상황 보고
- **교육지원청**: 유치원으로부터 보고 받거나 그 밖의 경로로 사안(고) 발생 인지 즉시 교육부 유아교육정책과로 유선 및 서면보고 (단, 유선 보고는 즉시 / 서면보고는 별첨 서식에 따라 작성 후 1근무시간(8시간) 이내 보고)
- **시·도교육청**: 교육지원청으로부터 보고 받거나 그 밖의 경로로 사안(고) 발생 인지 즉시 교육부 유아교육정책과로 유선 및 서면 보고(단, 유선보고는 즉시/ 서면보고는 별첨 서식에 따라 작성 후 근무시간(8시간) 이내 보고)

[출처: 건강·안전 관리 길라잡이(배포용) (교육부, 2020)]

memo

심폐소생술

심폐소생술

학습목표: 심폐소생술의 중요성을 인식하고 심폐소생술 방법을 연습해본다.

누리과정 관련 요소

- **신체운동·건강** - 안전하게 생활하기: 일상에서 안전하게 놀이하고 생활한다.
- **신체운동·건강** - 안전하게 생활하기: 안전사고, 화재, 재난, 학대, 유괴 등에 대처하는 방법을 경험한다.
- **의사소통** - 듣기와 말하기: 자신의 경험, 느낌, 생각을 말한다.

학습주제	학습의 중점
1. 심폐소생술 의미 알아보기	• 심폐소생술의 필요성과 중요성을 인식한다. • 심폐소생술 대상이 누구인지 알아본다. • 반응(의식)을 확인하는 방법을 익힌다.
2. 심폐소생술 방법 알아보기	• 심폐소생술로 생명을 구한 사례를 경험한다. • 심폐소생술의 방법과 절차를 익힌다.

[출처: 학교안전교육 7대 표준안 교육 자료집(교육부, 학교안전공제중앙회, 2023)]

심폐소생술

의미와 중요성

- **의미**: 심장이 멈추고 호흡이 없을 때, 인공적으로 혈액을 순환시키고 호흡을 돕는 응급처치 방법
- **중요성**: 심장마비가 발생하면 심장이 역할을 하지 못해 온몸으로 혈액 보낼 수 없어서 심폐소생술을 하지 않으면 사망하거나 뇌손상이 일어난다. 뇌는 혈액 공급이 4~5분만 중단돼도 영구적으로 손상될 수 있다.
- **목적**: 심장정지가 발생한 사람에게 전문 소생술이 시행되기 전에 인공순환과 인공호흡을 제공하여 환자의 심장박동이 회복될 때까지 뇌와 심장에 산소를 공급하는 것이다.
- **심폐소생술 대상**: 의식도 없고 호흡도 없는 사람

절차

첫째, 반응 확인하기

> 반응(의식) 확인하는 방법: 양쪽 어깨를 두드리며 '괜찮으세요?' 라고 말하며 반응을 확인한다. (위에서 아래로)

둘째, 도움 요청하기
셋째, 119 신고하기
넷째, 호흡 확인하기
다섯째, 가슴압박(심폐소생술)하기, (자동심장충격기 요청·사용하기)

영유아 심폐소생술

1. **기도 확보**
   - 머리를 기울이고 턱을 들어서 기도를 열어준다.
   - 입안의 이물질 여부를 확인하여, 이물질이 확실하게 보이면 손가락으로 이물질을 쓸어낸다.
2. **호흡확인**
   - 약 10초간 호흡이 있는지 확인한다.
   - 무 호흡시 인공호흡 2회 실시한다.: 보통의 호흡으로 2번 1초간 숨을 불어 넣어 주며 가슴이 올라오는 것을 확인한다.
3. **흉부압박**
   - 흉곽의 최소 1/3 깊이로 분당 최소 100회 속도로 30회 흉부를 압박한다.
   - 흉부압박 때 환자 가슴에서 양손을 떼지 않는다.
   ※ 하나, 둘, 셋, …, '서른'하고 세어가면서 시행하며, 압박된 가슴은 완전히 이완되도록 한다.

   압박 위치
   (영아) 흉골 중앙 바로 아래의 두 손가락을 위치하여 누른다.
   ※ 주의사항: 명치를 누르지 않도록 한다.
   (유아) 연령에 따라 한 손바닥만 사용

4. **흉부 압박과 인공호흡의 반복**
   - 한 손은 이마, 다른 한 손은 턱을 들어 주되 중립 위치를 유지한다.
   ※ 주의사항: 영유아의 경우 너무 과도한 신전은 기도를 오히려 막을 수 있으니 주의하도록 한다.
5. **인공호흡 2회 실시**
   - 흉부 압박 30회 인공호흡 2회 비율로 환자가 의식을 찾거나 전문의료팀이 도착할 때까지 반복한다.

관련 법

「학교보건법」 제9조의2(보건교육 등) ①교육부장관은 「유아교육법」 제2조제2호에 따른 유치원 및 「초·중등교육법」 제2조에 따른 학교에서 모든 학생들을 대상으로 심폐소생술 등 응급처치에 관한 교육을 포함한 보건교육을 체계적으로 실시하여야 한다. 이 경우 보건교육의 실시 시간, 도서 등 그 운영에 필요한 사항은 교육부장관이 정한다.

② **「유아교육법」** 제2조제2호에 따른 유치원의 장 및 「초·중등교육법」 제2조에 따른 학교의 장은 교육부령으로 정하는 바에 따라 매년 교직원을 대상으로 심폐소생술 등 응급처치에 관한 교육을 실시하여야 한다.

③ **「유아교육법」** 제2조제2호에 따른 유치원의 장 및 「초·중등교육법」 제2조에 따른 학교의 장은 제2항에 따른 응급처치에 관한 교육과 연관된 프로그램의 운영 등을 관련 전문기관·단체 또는 전문가에게 위탁할 수 있다.

「학교보건법 시행규칙」 제10조(응급처치교육 등) ① 학교의 장이 법 제9조의2제2항에 따라 교직원을 대상으로 심폐소생술 등 응급처치에 관한 교육(이하 "응급처치교육"이라 한다)을 실시하는 경우 응급처치교육의 계획·내용 및 시간 등은 별표 9와 같다.

② 학교의 장은 응급처치교육을 실시한 후 해당 학년도의 교육 결과를 다음 학년도가 시작되기 30일 전까지 교육감에게 제출하여야 한다.

[별표 9] 응급처치교육의 계획·내용 및 시간 등(제10조제1항 관련)

1. 응급처치교육의 계획 수립 및 주기

　　가. 학교의 장은 매 학년도 3월 31일까지 응급처치교육의 대상·내용·방법 및 그 밖에 필요한 사항을 포함하여 해당 학년도의 응급처치교육 계획을 수립해야 한다.

　　나. 학교의 장은 교육계획을 수립하는 경우에는 모든 교직원이 매 학년도 교육을 받을 수 있도록 해야 한다. 다만, 해당 학년도에 다른 법령에 따라 심폐소생술 등 응급처치와 관련된 내용이 포함된 교육을 받은 교직원에 대해서는 응급처치교육을 면제할 수 있다.

2. 응급처치교육의 내용·시간 및 강사

내용		시간	강사
가. 이론 교육	1) 응급상황 대처요령 2) 심폐소생술 등 응급처치 시 주의사항 3) 응급의료 관련 법령	2시간	가) 의사(응급의학과 전문의를 우선 고려해야 한다) 나) 간호사(심폐소생술 등 응급처치와 관련된 자격을 가진 사람으로 한정한다) 다) **「응급의료에 관한 법률」** 제36조에 따른 응급구조사 자격을 가진 사람으로서 응급의료 또는 구조·구급 관련 분야(응급처치교육 강사 경력을 포함한다)에서 5년 이상 종사하고 있는 사람
나. 실습 교육	심폐소생술 등 응급처치	2시간	

비고
1. 교육 여건 등을 고려하여 응급처치교육의 내용·시간을 조정할 수 있으나 실습교육 2시간을 포함하여 최소 3시간 이상을 실시해야 한다.
2. 심폐소생술에 대한 전문지식을 갖춘 사람을 실습교육을 위한 보조강사로 할 수 있다.

2019년 기출 A 5-2) ⓒ에 들어갈 말을 각각 쓰시오.
답안 심폐소생술

2020년 기출 A 4-2) ㉠에 해당하는 것을 쓰시오.
답안 심폐소생술

심폐소생술 — 자동심장충격기의 사용

학습목표: 자동심장충격기 사용법을 알아보고 주변에서 자동심장충격기가 있는 곳을 찾아본다.

누리과정 관련 요소

- **신체운동·건강** — 안전하게 생활하기: 안전사고, 화재, 재난, 학대, 유괴 등에 대처하는 방법을 경험한다.
- **의사소통** — 듣기와 말하기: 자신의 경험, 느낌, 생각을 말한다.
- **자연탐구** — 생활 속에서 탐구하기: 도구와 기계에 대해 관심을 가진다.

학습주제	학습의 중점
1. 자동심장충격기 알아보기	• 자동심장충격기가 무엇인지 알아본다. • 자동심장충격기 사용법과 주의점을 알아본다.
2. 자동심장충격기 위치 알아보기	• 자동심장충격기 표시를 알아본다. • 유치원 주변에 있는 자동심장충격기를 찾을 수 있다.

[출처: 학교안전교육 7대 표준안 교육 자료집(교육부, 학교안전공제중앙회, 2023)]

자동심장충격기

의미
심장의 기능이 정지하거나 호흡이 멈추었을 때 사용하는 응급처치 기기(심정지 환자의 가슴에 심장충격을 가하여 심장박동이 다시 정상적인 상태로 돌아올 수 있게 해주는 기기)

사용방법

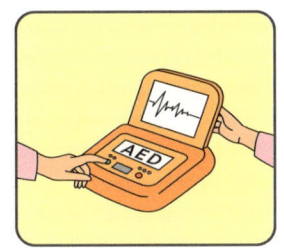
① 전원을 켠다

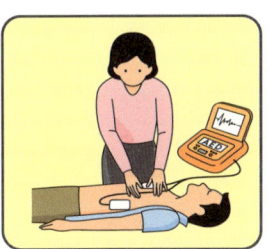
② 두 개의 패드 부착

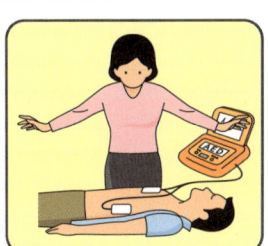
③ 심장리듬 분석

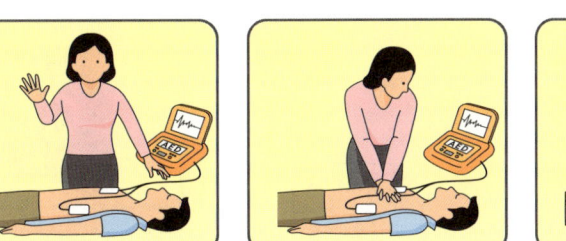
④ 심장충격 시행 ⑤ 즉시 심폐소생술 다시 시행

① 자동심장충격기를 적절한 위치에 두고 전원을 켠다.
② 두 개의 패드를 기계에 그려져 있는 대로 환자의 가슴부위 피부에 단단히 부착한다. (환자의 옷은 벗기고, 패드 부착 부위에 땀이나 기타 이물질이 있으면 제거)

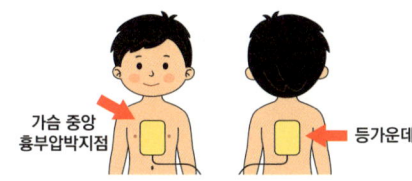
유아 패드부착위치 (가슴 중앙 흉부압박지점 / 등가운데)

③ 자동심장충격기가 환자의 심전도를 분석하는 동안 접촉을 피하고 기다린다.
④ 제세동(심장충격)이 필요한 경우라면 '제세동(심장충격)이 필요합니다'* 라는 메시지와 함께 심장충격 에너지를 충전하며, 이후 '제세동(심장충격) 버튼을 누르세요' 라는 음성 지시가 나오면, 환자와 접촉한 사람이 있는지 확인한 뒤 해당 버튼을 누른다.
* '심장충격이 필요하지 않습니다.'라고 분석시, 그 즉시 가슴압박 심폐소생술을 다시 시작
⑤ 제세동(심장충격) 시행 뒤에는 지체 없이 가슴압박을 다시 시작한다.

참고
자동심장충격기는 2분마다 환자의 심전도를 자동으로 분석하여 심장충격의 필요성을 판단하므로, 환자에게 패드를 부착한 상태로 119구급대가 현장에 도착하거나 환자가 회복되어 깨어날 때까지 심폐소생술과 제세동(심장충격)을 반복하여 실시해야 한다.

자동심장충격기

표지

자동심장충격기(자동심장충격기) 설치시설

안내 표지

- 자동심장충격기가 설치된 건물 입구에는 자동심장충 격기가 설치되어 있음을 알 수 있도록 설치 안내 표시 를 부착한다.
- 건물 내부에서도 필요한 사람들이 신속히 이용할 수 있도록 설치 장소를 쉽게 알 수 있는 유도 안내판 설치 한다.

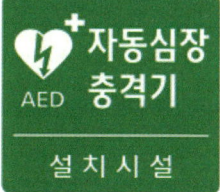

〈자동심장충격기 설치 기관 안내표지〉

상황별 응급처치 기도폐쇄

학습목표: 기도폐쇄의 의미와 원인에 대해 이해하고, 응급처치법에 대해 알아본다.

누리과정 관련 요소

신체운동·건강 — 안전하게 생활하기: 안전사고, 화재, 재난, 학대, 유괴 등에 대처하는 방법을 경험한다.

신체운동·건강 — 안전하게 생활하기: 일상에서 안전하게 놀이하고 생활한다.

학습주제	학습의 중점
1. 기도폐쇄의 의미와 원인 알아보기	• 기도폐쇄의 의미와 원인에 대해 이해한다. • 기도폐쇄를 예방하는 방법을 알아본다.
2. 기도폐쇄 응급처치 방법 알아보기	• 기도폐쇄 시 나타나는 증상에 대해 알아본다. • 하임리히법의 중요성을 알고, 올바른 응급처치법에 대해 알아본다.

[출처: 학교안전교육 7대 표준안 교육 자료집(교육부, 학교안전공제중앙회, 2023)]

기도폐쇄

의미
기도가 막혀 일어나는 응급상황

원인
- 큰 조각의 음식을 충분히 씹지 않고 삼켰을 때
- 음식을 먹으며 물을 마실 때
- 흥분하거나, 크게 웃으면서 음식물을 삼킬 때
- 입에 음식물이 있는 상태에서 놀이하기 및 걷거나 뛸 때

기도폐쇄의 예방법
- 음식을 꼭꼭 씹은 후에 삼키기
- 음식은 앉은 자리에서 다 삼킨 후에 일어나기
- 큰 음식물을 작은 크기로 잘라서 제공하기

유형별 응급처치법
- **부분 기도폐쇄**: 숨을 쌕쌕거리며 거친 숨소리를 내는 상태
  → 기도가 완전히 막히지 않았을 때는 크게 기침을 하여 목에 걸려 있던 음식이 밖으로 나오도록 하기
- **완전 기도폐쇄**: 말을 할 수 없고, 호흡이나 기침조차 할 수 없는 상태
  → 숨을 쉴 수가 없고, 기도가 완전히 막혔을 때는 주변에 있는 어른에게 도움을 요청하기

하임리히법

기도 폐쇄된 유아의 뒤에 선다.

주먹의 엄지가 유아의 배꼽 바로 위에 오도록 두고 다른 손으로 감싸 쥔다.

복부 위를 향해 밀쳐 올린다. 이물질이 나올 때까지 계속한다.

→ 소리나는 기침이 아닌 경우 5회등 두드리기, 5회 복부 밀어내기를 반복한다. (의식이 없을 경우 심폐소생술을 실시한다.)

[출처: 민쌤의 각론과 교육과정 1]

아나필락시스

특정 물질에 대해 몸에서 과민 반응을 일으키는 것을 의미, 특정 물질을 극소량만 접촉하더라도 전신(피부, 소화기, 심혈관, 호흡기)에 증상이 나타나는 심각한 알레르기 반응임. 주로 즉각적인 반응으로 생명이 위험한 상태를 의미한다.

대응 방법
① 편평한 곳에 눕히고, 의식과 맥박 호흡을 확인한다.
② 119에 연락하거나 주변에 도움을 청한다.
③ **에피네프린**을 주사하고 시간을 기록한다.
   * 에피네프린: 기관지 천식 발작의 완화, 혈청병·두드러기·맥관 신경성 부종의 증상 완화, 약물에 의한 쇼크·심정지의 보조비료, 국소마취제 효력의 지속
   * 에피펜: 에피네프린의 자가 투여를 할 수 있는 주사 이름
④ 다리를 올려서 혈액 순환을 유지한다.
⑤ 산소가 있으면 마스크로 공급한다.
⑥ 2차 반응이 올 수 있으므로 응급실로 신속하게 이송한다.

상황별 응급처치 지혈 및 상처 처치

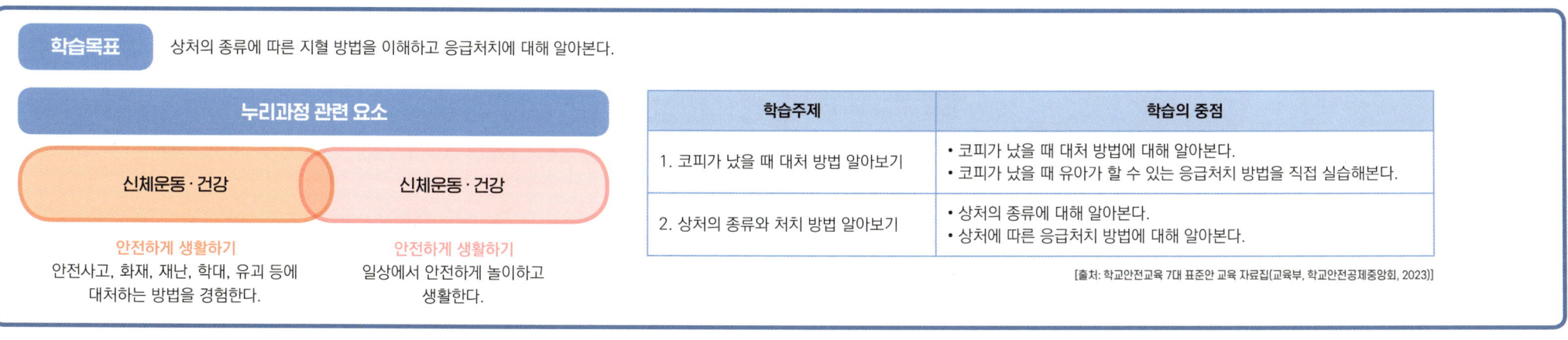

학습목표 상처의 종류에 따른 지혈 방법을 이해하고 응급처치에 대해 알아본다.

누리과정 관련 요소

신체운동·건강	신체운동·건강
안전하게 생활하기 안전사고, 화재, 재난, 학대, 유괴 등에 대처하는 방법을 경험한다.	**안전하게 생활하기** 일상에서 안전하게 놀이하고 생활한다.

학습주제	학습의 중점
1. 코피가 났을 때 대처 방법 알아보기	• 코피가 났을 때 대처 방법에 대해 알아본다. • 코피가 났을 때 유아가 할 수 있는 응급처치 방법을 직접 실습해본다.
2. 상처의 종류와 처치 방법 알아보기	• 상처의 종류에 대해 알아본다. • 상처에 따른 응급처치 방법에 대해 알아본다.

[출처: 학교안전교육 7대 표준안 교육 자료집(교육부, 학교안전공제중앙회, 2023)]

코피가 났을 때

대처방법

• 고개를 앞으로 숙이고, 입으로 숨을 쉰다.(코피가 목 안으로 흘러 들어가지 않도록 한다)
• 목 주위의 옷을 느슨하게 하고, 코를 풀지 않도록 한다.
• 깨끗한 솜이나 천을 콧구멍 앞쪽에 끼운다.
• 엄지손가락과 검지손가락으로 콧등을 잡고 10분간 꾹 누른다.
• 이마나 양쪽 눈 사이에 찬 수건이나 얼음주머니를 댄다.
* 10분간 지혈을 했는데도 피가 멈추지 않는다면 반드시 병원을 간다.

상처

개방형 상처 종류		응급처치
찰과상	무엇에 스치거나 긁혀서 살갗이 벗겨진 상처	① 생리식염수나 흐르는 물에 비누로 상처 부위를 씻어준 후 말린다. ② 연고를 바르고 일회용 밴드나 거즈를 붙인다. ③ 심할 경우 병원에 가서 치료를 받도록 한다.
자상	칼처럼 뾰족하고 날카로운 도구에 찔린 상처	① 이물질을 뽑은 다음 흐르는 물에 상처 부위를 씻어낸다. ② 소독한 거즈나 천으로 지혈한다. ③ 큰 나무 조각 등에 깊숙이 찔리면 물체를 빼지 않고 움직이지 않게 고정하여 즉시 병원에 간다.
열상	피부가 찢어져서 생긴 상처	① 생리식염수나 흐르는 물에 비누로 상처 부위를 씻어준다. ② 소독한 거즈나 붕대로 덮어서 눌러 지혈을 한다. ③ 심한 상처이면 바로 병원에 간다. (심하면 꿰매야 하므로 약을 바르지 않은 채로 병원에 가기)
멍든 경우	부딪힘에 생긴 멍	① 차가운 수건이나 냉찜질 팩으로 냉찜질을 한다. ② 상처 부위를 심장보다 높게 해준다. ③ 24시간 후에는 온찜질을 해준다. ④ 심하게 멍들거나 변형이 보이면 병원에 가서 치료를 받도록 한다.
깊은 상처	심하게 다쳐 출혈이 심한 상처	피가 많이 날 때에는 소독된 거즈 등으로 지혈을 하면서 병원에 간다. (수술이 필요할 수도 있으니 물이나 음식을 먹지 않는다.)

memo

상황별 응급처치 — 염좌 및 골절 처치

학습목표 염좌와 골절의 의미에 대해 이해하고 응급처치 방법에 대해 알아본다.

누리과정 관련 요소

신체운동·건강
안전하게 생활하기
안전사고, 화재, 재난, 학대, 유괴 등에 대처하는 방법을 경험한다.

신체운동·건강
안전하게 생활하기
일상에서 안전하게 놀이하고 생활한다.

학습주제	학습의 중점
1. 염좌의 의미와 응급처치 방법 알아보기	• 염좌의 의미와 증상에 대해 이해한다. • 염좌 발생 시 응급처치 방법에 대해 알아본다.
2. 골절의 의미와 응급처치 방법 알아보기	• 골절의 의미와 증상에 대해 이해한다. • 골절 발생 시 응급처치 방법에 대해 알아본다.

[출처: 학교안전교육 7대 표준안 교육 자료집(교육부, 학교안전공제중앙회, 2023)]

염좌

의미 및 증상

- **염좌**: 관절을 지지해주는 인대(뼈와 뼈 사이를 연결해주고 관절을 지탱해주는 결합조직)가 외부 충격 등에 의해 늘어나거나 일부 찢어지는 경우
- **증상**: 해당 부위가 붓거나 심한 통증을 유발한다.

↓

응급처치

- 손상 부위에 냉찜질한다. (얼음이 직접 피부에 닿지 않도록 손수건으로 감싸서 동상 예방)
- 시간이 지난 후에도 아픈 부위의 통증이 사라지지 않는다면 압박붕대로 관절이 움직이지 않게 한다.
- 손가락이나 발가락을 삐었을 때 다치지 않는 옆의 손가락, 발가락을 같이 묶어주어 힘을 덜 주게 한다.

좌상

의미 및 증상

- **좌상**: 근육이나 힘줄(근육이 뼈에 붙는 곳에서 관찰되는 섬유성 조직)이 과도하게 신전되면서 근섬유 혹은 힘줄이 늘어나거나 일부가 찢어지는 경우
- **증상**: 부종이 생기고 심한 통증이 동반될 수 있다.

골절

의미 및 증상

- **골절**: 뼈가 부러졌거나 금이 간 상태
- **증상**: 부상 주변 부위의 심한 통증을 느끼며, 가볍게 눌러도 많이 아파한다.

↓

응급처치

- 골절부위에서 피가 나면 깨끗한 거즈나 천을 이용해 지혈한다.
- 부러진 뼈가 움직이지 않게 부목을 댄다.(주변에 있는 박스, 판판한 판이나 우산 등을 이용하여 간이 부목을 만든다.)
- 부러진 뼈를 부목으로 고정하면 뼈가 움직이지 못해 2차 손상을 줄이고 통증도 감소할 수 있다.
- 충격 부위의 염증과 진통, 부종을 막기 위해 냉찜질을 한다.

골절, 염좌, 좌상, 탈구 응급처치

P.R.I.C.E 원칙

Protect 보호	주변환경에 의해 2차 손상이 없도록 안전을 확보한다.
Rest 휴식	추가 손상을 방지하고 통증을 조절하기 위해 최대한 움직이지 않고 휴식을 취하도록 한다.
Ice 냉찜질	최소 부상후 48시간까지는 2~3시간마다 20~30분씩 냉찜질을 한다.
Compression 압박	내부출혈을 줄이고 부종을 예방하기 위해 붕대로 감아준다.
Elevation 거상	부상부위를 심장보다 높게 올려 혈류가 흐르는 양이 줄어들어 내부출혈이 억제되고 부종이 줄어들게 한다.

2차 손상을 예방하기 위해 48~72시간 안에 P.R.I.C.E 응급처치를 시행한다.

2017 기출 A 5-1) 적절하지 않은 응급처치 2가지를 찾아 기호를 쓰고, 각각 바르게 고쳐 쓰시오.

답안
- 손에부목을 대고 → 부목은 다친 부위의 뼈보다 긴것을 사용하고, 골절된 부위의 위, 아래 관절까지 포함해야 하기 때문에 옆 손가락까지 함께 부목을 댄다.
- 우유를 먹였다 → 골절이 의심되어 병원으로 갈 때에는 수술을 할수 있으므로 먹을것을 주지 않는다.

화상별 응급처치

화상 응급처치

학습목표
화상에서 화상을 예방하고 화상 사고 시 대처 방법을 알 수 있다.

누리과정 관련 요소

- 안전하게 생활하기
- 안전하게 사용하기
- 안전규정 준수하기

학습주제	학습의 중점
1. 화상 예방 및 응급처치 방법 알아보기	• 화상 사고 예방할 수 있는 생활 습관을 갖도록 한다. • 화상 사고 시 대처 방법을 알 수 있다.

[출처: 특수교육교육과정 7차 표준화 교육 자료집(교육부, 국립특수교육원, 2023)]

화상의 깊이에 따른 분류

화상의 깊이에 따른 분류	증상
1도 화상 (표피)	• 피부가 붉어진다. • 따끔거리는 통증이 있다.
2도 화상 (진피)	• 피부가 붉어지고 물집이 생긴다. • 통증이 있고 붓는다. • 피부 물집(수포)이 생긴다.
3도 화상 (피하)	• 피부가 검게 변한다. • 신경까지 손상되어 통증을 잘 못 느낄 수도 있다.

화상 응급처치 방법

종류	응급처치
열에 의한 화상	① 누르지 않은 수돗물 또는 찬물로 15분 정도 식혀 사용한다. ② 화상 부위에 옷을 입고 있는 경우 옷을 벗기고 시원한 물로 식혀 준다. ③ 화상 부위에 깨끗한 거즈나 수건을 덮어 화상이 감염되지 않도록 한다. ④ 얼음물을 사용하면 온도 차이가 커져서 화상이 악화될 수 있다.
화학약품에 의한 화상	① 가루 화학물질인 경우 가루를 털어내고, 약품에 통증이 있다면 물로 씻어낸다. ② 화학약품이 옷에 묻은 경우에는 응급차가 도착할 때까지 계속 물로 씻는다. ③ 가능한 한 빨리 병원으로 이동한다. * 사용품 대체에 의하여 자신에게 그 용액 이름 화학이 남아있지 않도록 주의한다.
전기에 의한 화상 5~10cm	① 119에 구조요청을 요청한다. ② 누르지 않은 수돗물로 15분 정도 식혀 사용한다. ③ 감전 부위를 수돗물에 가볍게 담아 둔다. ④ 화상 부위를 깨끗하게 덮고 병원 재활용 시 사용한다. ⑤ 가능한 한 빨리 병원으로 이동한다.

기출 필기
2015개정 A-6-1
(가)에서 ①화상 ②에 대한 적절한 응급처치 1가지 찾아 쓰고, ②와 ③ 이유 1가지 쓰시오.

상황별 응급처치 갑작스러운 상황에서 응급처치

학습목표: 갑작스러운 상황에서 응급 사고가 일어날 수 있는 사례를 알아보고, 이에 적절하게 대처하는 방법을 알아본다.

누리과정 관련 요소

- **신체운동·건강** — 안전하게 생활하기: 일상에서 안전하게 놀이하고 생활한다.
- **신체운동·건강** — 안전하게 생활하기: 안전사고, 화재, 재난, 학대, 유괴 등에 대처하는 방법을 경험한다.
- **자연탐구** — 탐구과정 즐기기: 물체의 특성과 변화를 여러 가지 방법으로 탐색한다.

학습주제	학습의 중점
1. 일사병 및 열사병 응급처치 방법 알아보기	• 강한 햇볕이 있을 경우에 주의 할 점을 알 수 있다. • 일사병 및 열사병으로 쓰러졌을 때의 응급처치 방법을 알아본다.
2. 치아 손상 시 응급처치 방법 알아보기	• 치아가 손상될 수 있는 장소와 경우를 알아본다. • 치아 손상 시 응급처치 방법을 알 수 있다.
3. 동상 및 저체온증 응급처치 방법 알아보기	• 동상과 저체온증 시 응급처치 방법을 알 수 있다. • 동상과 저체온증 예방법을 알아본다.

[출처: 학교안전교육 7대 표준안 교육 자료집(교육부, 학교안전공제중앙회, 2023)]

일사병 및 열사병

일사병
강한 태양의 직사광선을 오래 받아 일어나는 병으로 기운이 없고 입맛이 없다.

응급처치
- 환자를 시원하고 그늘진 곳을 옮겨 편안하게 한다.
- 얼음주머니로 찜질을 해준다.
- 증상이 속히 회복되지 않으면 병원으로 이송한다.
- 의식이 있는 경우라면 찬물과 소금물을 조금만 마시게 한다.

열사병
고온 다습한 곳에서 몸의 열을 발산하지 못하여 생기는 병으로 어지러움과 피로를 느끼다가 갑자기 의식을 잃고 쓰러진다.

응급처치
- 서늘한 그늘로 옮겨 환자를 편안하게 해준다.
- 옷을 느슨하게 해준다.
- 부채질을 해준다.
- 얼음주머니로 찜질을 해준다.
- 증상이 회복되지 않으면 병원으로 이송한다.
- 의식이 있는 경우라면 찬물을 조금만 마시게 한다.

치아

부러진 치아
- 부러진 치아를 찾지말고 병원에 간다.
- 부상당한 치아 부위의 얼굴에 얼음, 주머니를 대어 부기를 가라앉힌다.
- 턱뼈 골절이 의심되면 턱 아래에서 머리 위까지 붕대로 감아서 턱뼈를 고정한 후 치과에 데리고 간다.
- 즉시 치과의사를 찾아가 치료를 받는다.

빠진 치아
- 입을 세척하고 이가 빠진 부위에 거즈를 대서 지혈한다. 빠진 치아의 뿌리 부분을 절대로 만지지 않도록 한다.
- 빠진 자리에 넣거나 식염수·우유에 담궈 30분 안에 병원으로 간다.
- 치아는 상처를 입은 후 30분 이내에 원래 있던 자리에 다시 넣어 주면 대체로 잘 붙는다.

동상 및 저체온증

동상
- 말단 부위에서 흔히 발생
- 피부가 하얗게 변색
- 심한 경우 물집, 부종 발생
- 화끈거리거나 저리고 불쾌감
- 통증이 있거나 없을 수도 있다.
- 동상 부위가 딱딱함

저체온증
- 35℃ 이하 체온
- 몸이 저리고 떨림
- 술 취한 듯한 행동을 보임
- 피부가 창백해지거나 청회색으로 보임
- 근육강직
- 심할 경우 심정지 발생

응급처치방법
- 젖은 옷을 입고 있으면 다른 옷으로 갈아입혀주거나 보온한다.
- 손가락, 발가락, 귀 등을 자주 움직이고 주물러 준다.
- 체온보다 따뜻하지 않은 물에 동상 부위를 푹 담가 따뜻하게 한다.
- 어떤 물집도 터뜨리지 않는다.
- 따뜻한 방이나 장소로 옮긴다.
- 의식이 있으면 따뜻한 음료를 마시게 하고 안정시킨다.

II 양성평등·문화 다양성

양성 감수성 교육

양성평등의 개념과 증진

감수성
- 감수성이란 풍부한 감성을 가지고 외부의 자극을 잘 받아들이는 성질이나 성향, 감성, 사회성, 도덕성 등에 대한 반응 수준을 말한다.
- 개인이 국가 자치단체나 주변 사람 혹은 자신이 인권을 존중하고 배려해야 된다는 인식을 얼마나 민감하게 감지하고 이에 반응할 수 있는가를 일컫는 말이다.

감기	감지
이념이 없는 상태	성차별 차별적인, 감정적, 사회적 인권 침해 상태

(세계보건기구 WTO)

정서적 감지	사회적 감지	인지적 감지
자신에 대한 공감적, 공감 등 사회적으로 수용되는 방안으로 보호하는 감정	세계 공동체의	타인의 풍부한 감지 감정 공감의 정서 능력

양성 감수성 증진

- **양성감 요인**: 기초학, 학력이와 함께 더욱 유의성인가
- **양성감 요인**:
  - **양성**: 동네 사사하 정경, 공공질서 정체 질서, 다른 사용할 하기
  - **수당 사용 등상**: 지원과 관련한 공공한 수영하기
  - **공동**: 사회질서 공동하기
  - **인지**: 인지장한 영상 수술과 이기 예방과 이론 공동 교육하기
  - **양심적 인간**: 스트레스 조정, 공동심 자이감, 양산의 자부을 표지하여 동안가 감정의 생동하기
  - **감정인식**, **감응**: 초, 가지의 개인상황을 양자중이의 감정을 예의, 양성 표기 학원과 지원하기
  - **자아감**: 3-3-3단계(하나도, 사용 3미터, 3공동을 안기)

양성 감수성의 개념 및 유목

양성감의 개념
- 바람직한 성별적 성향을 갖은다, 가지평등적 종실, 공정성 등의 일차이가 가성장을 유지하는 데 인 인정되는 감정 정성 가치, 기준, 태도

인성감의 특징
- 감정의 중심성을 인식한다.
- 지식에, 정성적, 사회적 감정을 유지된다.
- 수립 자산이 감정을 조절할 수 있다.

수감장에서 초감하는 인성감
감성적 사람
- 자신의 수돗분가 없고, 감정관의 친구할 인심을 변형 가장을 기준으로, 공연하이서 가장 중앙한 실험관 정신 감정의 기초를 열심 중심 하이기 수립하여 특히된다고 고정되는 것

[출처: 수도과원 해설서(교육부), 한국재단사 2019, p.28]

유아 건강교육내용

「2019 개정 누리과정」 신체운동·건강영역

목표	내용범주	내용	설명
실내외에서 신체활동을 즐기고, 건강하고 안전한 생활을 한다. 1) 신체활동에 즐겁게 참여한다. 2) 건강한 생활습관을 기른다. 3) 안전한 생활습관을 기른다.	건강하게 생활하기	자신의 몸과 주변을 깨끗이 한다.	유아가 손을 씻고 이를 닦는 등 몸을 깨끗이 한 적절한 방법을 알고 실천하며, 자기 주변을 깨끗하게 정리 정돈하는 내용
		몸에 좋은 음식에 관심을 가지고 바른 태도로 즐겁게 먹는다.	유아가 몸을 건강하게 하는 음식에 관심을 가지고, 음식을 소중히 여기며, 제자리에 앉아서 골고루 즐겁게 먹는 내용
		하루 일과에서 적당한 휴식을 취한다.	유아가 피곤하거나, 몸이 아프거나, 몸을 많이 움직여서 쉬고 싶을 때, 적절한 휴식을 취하는 내용
		질병을 예방하는 방법을 알고 실천한다.	유아가 질병의 위험으로부터 건강을 유지할 수 있는 다양한 생활 방식(몸을 청결히 하기, 날씨와 상황에 알맞은 옷 입기, 찬음식 적당히 먹기, 정해진 시간에 자고 일어나기, 따뜻한 물 마시기 등)을 경험하는 내용

[출처: 누리과정 해설서(교육부, 보건복지부 2019, pp.66-67)]

유아 건강교육을 위한 교사역할

교사 역할

가정에서의 유아 건광관련 정보 수집
- 가정 환경 조사서
- 건강기록부
- 예방접종, 알레르기 여부 확인

1. **체계적, 구체적 건강교육 실시**
2. **건강서비스 제공**
   - 유아의 건강여부 관찰
   - 유행병 식별
   - 정기적 건강진단
3. **건강한 환경 조성**
   응급처치에 대한 지식과 기술 훈련

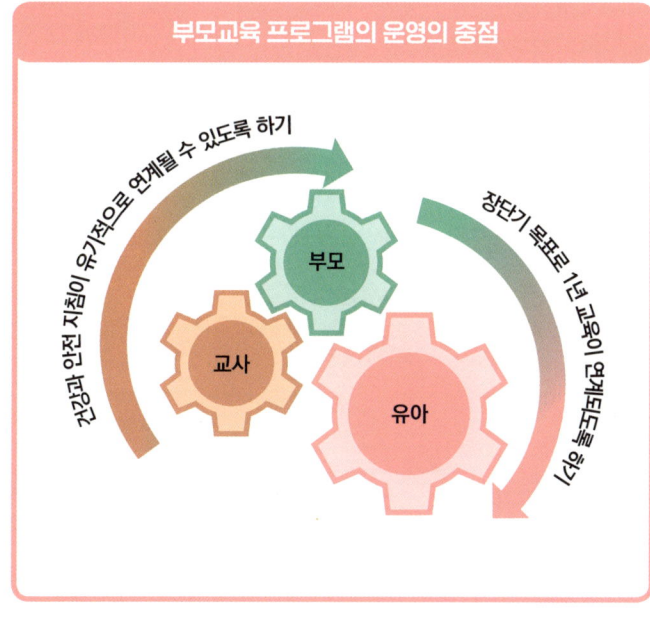

부모교육 프로그램의 운영의 중점

유아교육기관에서의 건강검진

건강검진

관련법

「**유아교육법」 제17조(건강검진 및 급식)** ①원장은 교육하고 있는 유아에 대하여 건강검진을 실시하고, **유아의 건강검진 결과를 제14조에 따른 생활기록부에 기록하여 관리**하여야 한다. 다만, 보호자가 「**국민건강보험법」** 제52조 및 「**의료급여법」** 제14조에 따른 건강검진을 실시하고 그 **건강검진결과 통보서를 제출**하거나, 원장이 보호자의 동의를 받아 「**전자정부법」** 제36조제1항에 따른 **행정정보의 공동이용을 통하여 건강검진결과 통보서를 확인한 경우**에는 해당 건강검진으로 갈음할 수 있다.
② 원장은 제1항에 따른 건강검진 결과 치료가 필요한 유아에 대하여는 해당 유아의 보호자와 협의하여 필요한 조치를 하여야 한다.
③ 원장은 교육하고 있는 해당 유치원의 유아에게 적합한 급식을 할 수 있다.
④ 제1항 및 제2항에 따른 건강검진의 실시시기 및 그 결과처리에 관한 사항과 제3항에 따른 급식 시설·설비기준 등에 관하여 필요한 사항은 교육부령으로 정한다.

「**유아교육법 시행규칙」 제2조의6(건강검진)** ① 법 제17조제4항에 따라 유치원의 장(이하 "원장"이라 한다)은 교육하고 있는 유아에 대하여 1년에 한 번 이상 건강검진을 실시해야 한다
② 제1항에 따른 건강검진은 「**건강검진기본법」** 제14조 및 같은 법 시행규칙 제4조제1항제3호에 따라 영유아검진기관으로 지정받은 기관이 실시해야 한다.
③ 제1항에 따른 건강검진의 검사항목, 방법 및 비용 등은 「**국민건강보험법 시행령」** 제25조제5항에 따라 보건복지부장관이 정하여 고시하는 바에 따른다.
④ 삭제
⑤ 원장은 제1항에 따른 건강검진 결과 치료·격리 또는 휴학 등의 조치가 필요한 유아에 대해서는 해당 유아의 보호자와 협의하여 필요한 조치를 해야 한다.

유의점

• 영유아 건강검진 정보제공·이용에 관한 동의서를 학부모로부터 받아 보관한다.
• 교직원 및 유아에 대한 건강검사와 관련된 입무를 수행하거나 수행하였던 자는 그 직무상 알게 된 비밀을 다른 사람에게 누설하거나 직무상 목적 외의 용도로 이용하여서는 안 된다.

2023 기출 A 5 1) ① ㉠과㉡에 해당하는 것을 순서대로 쓰시오.
답안 (1)년에 (한)번 이상 건강검진을 실시해야 한다.

유아

「**건강검진 실시기준」 제2조(정의)** 5. "영유아건강검진"이란 법 제52조제2항제3호에 따른 대상자와 6세 미만 의료급여수급권자에게 실시하는 건강검진을 말한다.
제8조(검진 실시시기) ① 건강검진은 해당연도에 실시한다. 단, 다음 표에서 정한 검진항목의 검진 실시시기는 이를 따른다.
② 영유아건강검진은 다음 각 호에서 정한 시기에 각 1회 실시한다.

영유아건강검진			
구분	실시시기	구분	실시시기
1차 검진	생후 14~35일	5차 검진	생후 30~36개월
2차 검진	생후 4~6개월	6차 검진	생후 42~48개월
3차 검진	생후 9~12개월	7차 검진	생후 54~60개월
4차 검진	생후 18~24개월	8차 검진	생후 66~71개월

영유아구강검진	
구분	실시시기
1차 검진	생후 18~29개월
2차 검진	생후 30~41개월
3차 검진	생후 42~53개월
4차 검진	생후 54~65개월

③ 의료급여수급권자에 대한 일반건강검진은 2년마다 1회 이상 실시한다.

교직원

매년 1회 이상 정기적으로 실시(증빙자료 기록 보관): 채용신체검사서/일반건강검진

「**학교보건법」 제7조(건강검사 등)** ① 학교의 장은 **학생과 교직원에 대하여** 건강검사를 하여야 한다. 다만, 교직원에 대한 건강검사는 「국민건강보험법」 제52조에 따른 건강검진으로 갈음할 수 있다.

「**건강검진 실시기준」 제1조(목적)** 이 건강검진 실시기준(이하 "기준"이라 한다)은 「국민건강보험법」(이하 "법"이라 한다) 및 같은 법 시행령(이하 "영"이라 한다), 「의료급여법」, 「건강검진기본법」 및 같은 법 시행령과 시행규칙에서 건강검진에 관하여 위임된 사항과 그 시행에 필요한 사항을 규정함을 목적으로 한다.

급식종사자(영양사, 조리사(원), 식재료 취급자)는 매년 1회(건강진단 검진을 받은 날을 기준으로) 건강검진을 실시한다.
※ 단 학교급식법 적용 시 6개월에 1회

건강진단 항목 • 장티푸스
• 폐결핵(1년에 1회)
• 전염성 피부질환

유아교육기관에서의 환경관리

환기
- 환기용 창 등을 수시로 개방하거나 기계식 환기설비를 수시로 가동한다.
- 1인당 환기량이 시간당 21.6m^3 이상 되도록 한다.

채광(자연조명)
- 직사광선을 포함하지 않는 천공광에 의한 옥외 수평조도와 실내조도와의 비가 평균 5%이상으로 하되, 최소 2%미만이 되지 않도록 한다.
- 최대조도와 최소조도의 비율이 10대 1을 넘기지 않는다.
- 교실 바깥의 반사물로부터 눈부심이 발생되지 않도록 한다.

조도(인공조명)
- 교실의 조명도는 책상면을 기준으로 300럭스 이상이 되도록 한다.
- 최대조도와 최소조도의 비율이 3대 1을 넘지 않도록 한다.
- 인공조명에 의한 눈부심이 발생되지 않도록 한다.

실내온도 및 습도
- 실내온도는 섭씨 18°이하로 하되, 난방온도는 섭씨 18°이상 20°이하, 냉방온도는 섭씨 26°이상 28°이하로 한다.
- 비교습도는 30%이상 80%이하로 한다.

청결
유치원 소독
- 50명 이상을 수용하는 유치원은 감염병 예방에 필요한 소독을 실시한다.
- 소독횟수: - 4월~9월까지 2개월에 1회 이상 실시한다.
            - 10월~3월까지 3개월에 1회 이상 실시한다.
- 소독업의 신고를 한 자에게 소독을 해야한다.

화장실(내부, 외부) 소독
- 4월~9월까지 주 3회 이상 실시한다.
- 10월~다음해 3월까지 주 1회 실시한다.
- 화장실 위생·안전점검표, 소독필증을 비치한다.

폐기물
- 폐기물 재활용 조치등 폐기물의 발생을 예방하기 위해 노력한다.
- 유치원 내에는 폐기물소각시설을 설치·운영하지 않는다.
- 폐기물을 배출할때는 종류 및 성상에 따라 분리 배출한다.

소음
실내의 소음은 55dB(A)이하로 한다.

[출처: 건강·안전관리 길라잡이(배포용) (교육부, 2020)]

공기의 질

유치원 실내공기

실내공기 질 점검 횟수
• 매 수업 일마다 일상점검
• 정기점검은 연 1회 이상 실시
점검방법: 전문적으로 점검하는 기관(측정대행업자)에 위탁하거나 교육감에게 전문인력등을 요청한다.

정보공시: 유치원 장은 실내공기질, 미세먼지에 대한 적합여부와 검사일자를 정보공시해야한다.

실내 공기의 질 관리 기준
• 책상, 의자, 상판 등 학교의 비품은 「산업표준화법」 제15조(제품의 인증)에 따른 한국산업표준에 적합하다는 인증을 받은 제품을 사용한다.

신축학교
• 「**실내공기질 관리법**」 제11조 제1항에 따라 오염 물질 방출 건축자재를 사용하지 않는다.
• 원활한 환기를 위해 환기시설을 설치한다.
• 폼알데하이드 및 휘발성유기화합물이 유지기준에 적합하도록 필요한 조치를 강구한다.

[출처: 「학교보건법 시행규칙」 [별표 4의2] 공기 질 등의 유지·관리기준]

관련 법

「**교육시설의 안전·유지관리기준**」 제42조(실내공기질) ① 교육시설의 장은 교육시설이용자의 건강을 보호하기 위하여
「학교보건법 시행규칙」 별표 4의2의 기준에 따라 실내공기질을 관리하여야 한다.
② 법 제2조제1호 가목 및 나목에 따른 교육시설의 장은 제1항에 따라 교사 내 공기질을 개선하기 위하여 교실에 다음 각 호에 해당하는 설비 및 기기를 설치하여야 한다. 그 외 교육시설의 장은 공기정화설비 등을 설치할 수 있도록 노력하여야 한다.
　1. **공기정화설비**: 다음 각 목의 어느 하나에 해당하는 설비
　　가. 「실내공기질 관리법」 제2조제5호에 따른 공기정화설비
　　나. 실내공기 중의 분진을 추출하여 모으고 냄새를 탈취하는 기능이 있는 설비로서 내부에 먼지 제거부와 송풍기가 내장되어 있는 설비
　　다. 그 밖에 교육부장관이 관계 중앙행정기관의 장과 협의하여 교실의 공기를 정화하기에 적합하다고 인정하는 설비
　2. **미세먼지 측정기기**: 다음 각 목의 어느 하나에 해당하는 기기
　　가. 제1호 각 목의 어느 하나에 해당하는 설비에 부착되어 있는 부속품 형태의 측정기기로서 미세먼지의 농도를 표시하는 기능이 탑재된 측정기기
　　나. 가목 외의 기기로서 미세먼지의 측정결과를 실시간으로 확인할 수 있는 간이 측정기기
　　다. 그 밖에 교육부장관이 관계 중앙행정기관의 장과 협의하여 교실의 미세먼지를 측정하기에 적합하다고 인정하여 고시하는 기기
③ 교육시설의 장은 「학교보건법」 제4조의2제1항에 따라 **교육시설 내 공기질 점검을 연 2회 이상 실시**하여야 한다. 다만, 풍수해 등으로 환경이 불결하게 되는 등 교육시설의 장이 필요하다고 인정하는 때에는 특별점검을 실시할 수 있다.
④ 교육시설의 장은 「학교보건법」 제4조의2제2항에 따라 **공기 질을 측정하는 장비에 대하여 매년 1회 이상 다음 각 호의 어느 하나의 방법으로 점검**을 실시하여야 한다.
　1. 「**국가표준기본법**」 제3조제17호에 따른 소급성(遡及性) 확보를 위한 검사
　2. 「환경분야 시험·검사 등에 관한 법률」 제11조제1항에 따른 정도검사(精度檢査)

석면

석면조사
• 건축물 사용승인서를 받은 날부터 1년 이내에 석면조사기관으로 하여금 석면조사를 하도록 하고 그 결과를 건축물 철거·멸실 신고 시까지 기록·보존해야 한다.

건축물에 사용된 자재에 석면이 함유되어 있지 않음을 증명하는 서류를 제출 받아 해당 건축물이 석면을 함유하고 있지 않음이 명백한 것으로 인정한 건축물은 제외한다.

• 건축물석면조사 결과와 건축물석면지도를 석면 조사가 끝난 후 1개월 이내에 교육감 또는 교육장에게 제출해야 한다.

석면관리
• 석면 건축물에 대해 **6개월마다 건축물의 손상상태 및 석면의 비산 가능성 등을 조사**하여 환경부령으로 정하는 바에 따라 필요한 조치를 실시한다.
• 전기공사 등 건축물에 대한 유지 및 보수공사를 실시할 때에는 미리 공사 관계자에게 건축물석면지도를 제공해 석면건축 자재 등을 훼손하여 석면을 비산시키지 않도록 감시와 감독 등 필요한 조치와 이행보고를 해야 한다.
• 석면건축자재의 철거 등으로 석면건축물에 더 이상 해당되지 않게 된 경우 석면 건축물 제외 승인 신청을 할 수 있다.
• 건축물 소유자 본인이나 해당 건축물의 점유자 또는 관리자 중에서 **1명 이상을 석면건축물 안전관리인으로 지정**하고 석면건축물의 관리를 담당하게 해야 한다.
• 석면건축물안전관리인은 관리인지정(변경)신고를 한 날부터 **3개월 이내**에 석면 **안전관리교육을 받아야 하며 교육시간은 8시간 이상**이다.

[출처: 건강·안전관리 길라잡이(배포용) (교육부, 2020)]

환경위생의 유지·관리 및 점검

점검종류	점검시기
일상점검	매 수업일
정기점검	매학년: 1회 이상(공기질의 위생점검의 경우, 상반기 하반기에 각각 1회 이상). 다만, 화장실 관리기준처럼 별도의 점검 횟수를 정한 경우에는 그 규정을 따른다.
특별점검	• 전염병 등에 의하여 집단적으로 환자가 발생할 우려가 있거나 발생한 때 • 풍수해 등으로 환경이 불결하게 되거나 오염된 때 • 학교를 신축·개축·개수 등을 하거나, 책상·의자·컴퓨터 등 새로운 비품을 교사 안으로 반입하여 폼알데하이드 및 휘발성 유기화합물이 발생할 우려가 있을 때 • 그 밖에 학교의 장이 필요하다고 인정하는 때
점검요청	1. 유치원장이 점검을 실시하는 경우 점검방법의 지도 및 전문인력 등의 지원을 교육감 또는 교육장에게 요청할 수 있다. 2. 점검에 관한 업무를 환경위생 및 식품위생의 상태를 전문적으로 점검하는 기관(「환경분야 시험·검사 등에 관한 법률」 제16조에 따른 측정대행업자)에게 위탁(의뢰)하여 오염의 정도를 측정하게 할 수 있다.

환경위생관리자 지정
유치원장은 유치원 건물 안에서의 환경위생, 공기의 질 및 청결 상태를 유지·관리하기 위하여 조속 교직원 중에서 이에 관한 업무를 관리하는 자(환경위생관리자)를 지정해야 한다.

[출처: 건강·안전관리 길라잡이(배포용) (교육부, 2020)]

영아 영양교육

영아 영양교육의 개념 및 목표

개념
영양에 대한 개인의 지식, 태도, 행동 등을 바람직한 방향으로 변화시키기 위한 영양교육 활동

목적
• 자신의 건강과 영양관리 관리의 인식
• 올바른 사용행동
• 능동적인 바른 식생활 실천
• 올바른 식생활 생활 습관 · 유지

기본원칙

① 영양교육은 아동 시기부터 시작해야 한다.
② 영양아이 발달수준에 적합한 교육이 이어져야 한다.
③ 영양교육은 구체적이면서 반복적으로 실시해야 한다.
④ 영양교육에 가족이 적극적 참여한다.
⑤ 생활 속에서 바람직한 모델이 되어 주어야 한다.

[출처: 영유아 보육과정 교사용지침서]

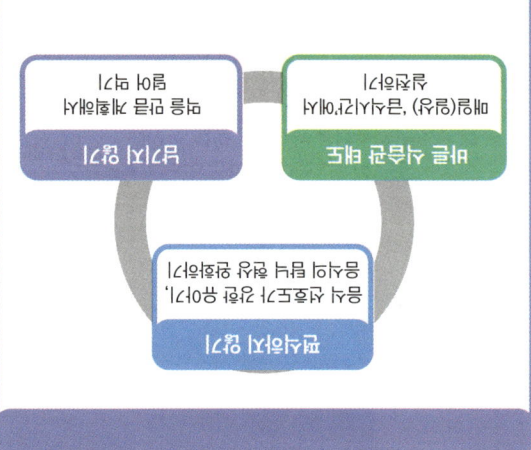

- 관찰평가하기
- 영아 식습관 평가 및 특이사항 파악하기
- 사전 사항평가 태도
- 매일(월별), 방학 시기에 맞추어 실행하기
- 영양 사항평가 태도
- 일간 및 격월에 맞춰 말 평가하기

목표

지식	균형있는 영양을 섭취하기 위해서는 영양적 태도 및 예절이 갖춰진 지식 → 공급하기, 식생활 보건 및 위생에 관한 지식, 자원의 올바른 관리 등
기술	식사를 하기 전, 식사를 하는 과정, 식사 후 정리단계의 필요한 기술 → 영양 건강장애 및 질병 등의 요소일 알고 대처하는 데 필요한 지식 및 예방
태도	사상활동에 대한 긍정적인 태도 → 음식에 성공물을 메거나 감정적 사용하는 태도

memo

유아 영양 및 식생활 교육내용

영양교육내용

「국민영양관리법 시행규칙」 제5조(영양·식생활교육의 대상·내용·방법등) 1. 생애주기별 올바른 식습관 형성·실천에관한 사항
2. 식생활 지침 및 영양소 섭취기준
3. 질병 예방 및 관리
4. 비만 및 저체중예방·관리
5. 바람직한 식생활문화 정립
6. 식품의 영양과 안전
7. 영양 및 건강을 고려한 음식만들기
8. 그 밖에 보건복지부장관, 시·도지사및 시장·군수·구청장이국민 또는 지역 주민의 영양관리 및 영양개선을 위하여 필요하다고 인정하는 사항

식생활 교육내용

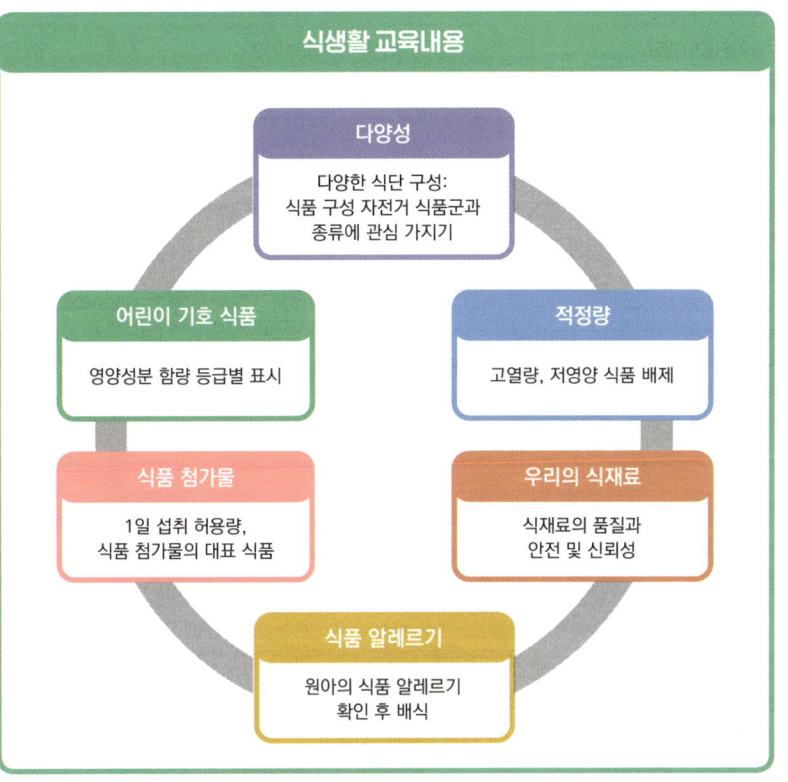

다양성: 다양한 식단 구성: 식품 구성 자전거 식품군과 종류에 관심 가지기

적정량: 고열량, 저영양 식품 배제

우리의 식재료: 식재료의 품질과 안전 및 신뢰성

식품 알레르기: 원아의 식품 알레르기 확인 후 배식

식품 첨가물: 1일 섭취 허용량, 식품 첨가물의 대표 식품

어린이 기호 식품: 영양성분 함량 등급별 표시

[출처: 민쌤의 각론과 교육과정 1]

2009 기출 객관식 다음과 같은 식습관을 가진 유아들에 대한 교사의 지도 내용으로 적절한 것을 <보기>에서 모두 고른 것은?

답안 ㉠ 교사가 직접 지도하기보다는 유아 스스로 바른 식습관을 형성하도록 인내를 가지고 지켜본다.
㉡ 이야기 나누기, 동화, 조형활동, 음률 활동 등을 통해 통합적으로 바른 식습관을 지도한다.

음이 듣·그네 관리

관련법령

- 감염병예방법 제1조에 따라 감염병 예방수칙을 준수하여야 한다.
  - 감염병예방법 제1조·공중이용시설 기준에 따라 시설을 관리하여야 한다.
  1) 감염병예방법 제1조·공중위생관리법(공중위생영업 및 이용업 포함)
  2) 식품위생법 등 공중이용시설
  * 감염병예방법 제1조 공중이용시설 지침 사용자이용자들 6가지 원칙 관리한다. (출처:질병관리청)
  3) 불특정 다수가 사용하는 공공시설 등 등 등 사용자용 등을 체계자료로 사용하고 정상적으로 해당
  * 주말들이 아닌 자가용 차량 등 등 공공시설이나 시설들 보관 및 체계자료 해당
  예 사용중인 장상적 해당
  4) 교통수단의 감상지정시설
  5) 조건이자가 감상지정된 해당 그 외에 감상지정자가 등 공중이용시설 등 등
    해당해야 한다.

- 감염병예방법, 공중이용시설 지원에 따라 사회적 거리두기 15단계 이내하고 있고
  상황감염자를 예방하여야 한다.
- 「감염병예방법」제88조 (벌금사항)
  ※ 사용된 재위자는 이에 따라야 한다.

공통표시

- 유치원장은 4월 1일 기준으로, 당직감염자가, 감상감염자가, 매일자가,
  사감염감염자 등이 확인하여야 한다.
- 당직감염자는 3월 1일부터 매년인 2월 말까지, 감상사고 및 당상감염감염 등이 지정되었고
  등이 해당된다.

감영별

감염감영병 시행규칙 [별표 4] 「학교감상사」
시행규칙 제1조에서(학교감상사의 복무)
① 학교감상사 「학교감영법」제15조, 「조·중등교육법」
제19조제3항 및 제20조제3항에 따른 유치원감상감상
등이 해당된다. 다만, 사감상감상장이 학교감감상의 근무
시간 내에 이를 활용하고자 하는 경우에는 사감감감상가 이
업무를 학교감감에 위임하여 그 감상감상장으로 활용할 수
있다. <개정 2020. 1. 29.>

위생·감상

유치원 공공인장이라는 유치원 공공인 공간 내 사용되는 각자, 지감상감.
※ 참고
「유아교육법」제19조의2
① 환경·위생 및 운영·시설 등 유치원에서 등 유치원 공공인
사감감감 다음 각 호의 사용되는 지상사항이다.
1. 유치원 감상감감이 개인방감 공공인 사용
2. 유치원 역사 및 감감자이다 공공인 사용
3. 유치원 감영지정시지의 청청경감에 공공인 사용
4. 방학감 중 감감한 예방에 관한 공공인 사용
5. 유치원 공공간에 공공인 사용
6. 학생수업 감감사이에 대한 감상사정에 공공인 사용
7. 유치원 공공간에 대한 공공인 사용
8. 「교육부법」제29조에 따라 공공공공간의 의공감이 공공공인 감공의 감공의 공공인
   의 감감사용
9. 「교육부법」제31조에 따라 공공공공간의 의공감이 공공공인 공감의 공감의 공공인
   예 감공 사용
10. 그 밖에 예정감감 등 시, 노공자공 등 또는 채감감감용에 따라
    사감감감관이 공정 관리에 대감이 유지감감감감
    의감감감감의 자감감이 공감한다.

사용이력을 하기 위한 사용기기 관리기준

1. 사용 등의 일반적 용 상태 내, 청감감감 기감 고공 공공, 공감감감감 경공 감공, 감감감감
2. 사용 등의 관리·공감, 감감공 사감 사감 기감 내 공공이 공공간 공공감감이 지감감감감은 감감감감
3. 사용 등의 공감 공감·감감사감감 공 공감감감감의 공감감감공 자감 사감감
4. 사용 등의 재공 및 교공 등 공 공감감감 사감 중 공감감감, 의감감감 감 개개이사감감 감감지 감감감
5. 사용 등의 재공 및 교공, 그 공감 사감감 감감 기감 및 공감감감 등에 사감공공 공공 등 감감감감공 유자 감감감감
6. 위 사감감감 에 공감 각감 감감 이공감감, 감감사감감 공 1회 이상 감공 해야 한다.

[출처: 김경진, 안전감감감 감감감감이(매공공감, 2020)]

어린이급식관리지원센터

관련 법률

「어린이 식생활안전관리 특별법」 제21조(어린이급식관리지원센터 등 설치·운영) ① 시장·군수·구청장은 어린이에게 단체급식을 제공하는 다음 각 호의 급식소(이하 "급식소"라 한다)에 대한 위생 및 영양관리를 지원하기 위하여 어린이급식관리지원센터를 설치·운영하여야 한다. 다만, 효율적인 지원을 위하여 필요한 경우에는 시·도지사가 시장·군수·구청장을 대신하거나 시장·군수·구청장이 연합하여 공동으로 어린이급식관리지원센터를 설치·운영할 수 있다.
1. **「영유아보육법」**에 따라 보호자의 위탁을 받아 영유아를 보육하는 어린이집의 급식소
2. **「유아교육법」**에 따라 유아의 교육을 위하여 설립·운영하는 유치원에 대한 급식
3. **「학교급식법」**에 따라 학교급식 대상이 되는 학교의 급식소
4. 그 밖에 어린이에게 단체급식을 제공하는 급식소 중 대통령령으로 정한 급식소

② 식품의약품안전처장은 제1항에 따른 어린이급식관리지원센터(이하 "어린이급식관리지원센터"라 한다)의 통합 운영·관리와 어린이 단체급식의 위생 및 영양관리 개선에 관한 다음 각 호의 업무를 수행하기 위하여 중앙급식관리지원센터를 설치·운영할 수 있다.

어린이급식관리지원센터의 집단급식소 등록

1. 어린이급식관리지원센터에 등록하려는 집단급식소의 설치자 또는 운영자는 어린이급식관리지원센터의 집단급식소 등록 신청서와 집단급식소 설치 운영신고증 사본을 어린이급식관리지원센터의 장에게 제출해야 한다.
2. 신청 후 어린이급식관리지원센터에서 집단급식소의 급식 인원수와 위생 및 영양 관리 지원의 필요성 등을 심사한 후 등록 여부를 결정하며, 등록이 결정된 집단급식소는 어린이급식관리지원센터의 집단급식소 등록증을 발급받는다.

[출처: 건강·안전관리 길라잡이(배포용) (교육부, 2020)]

운영체계

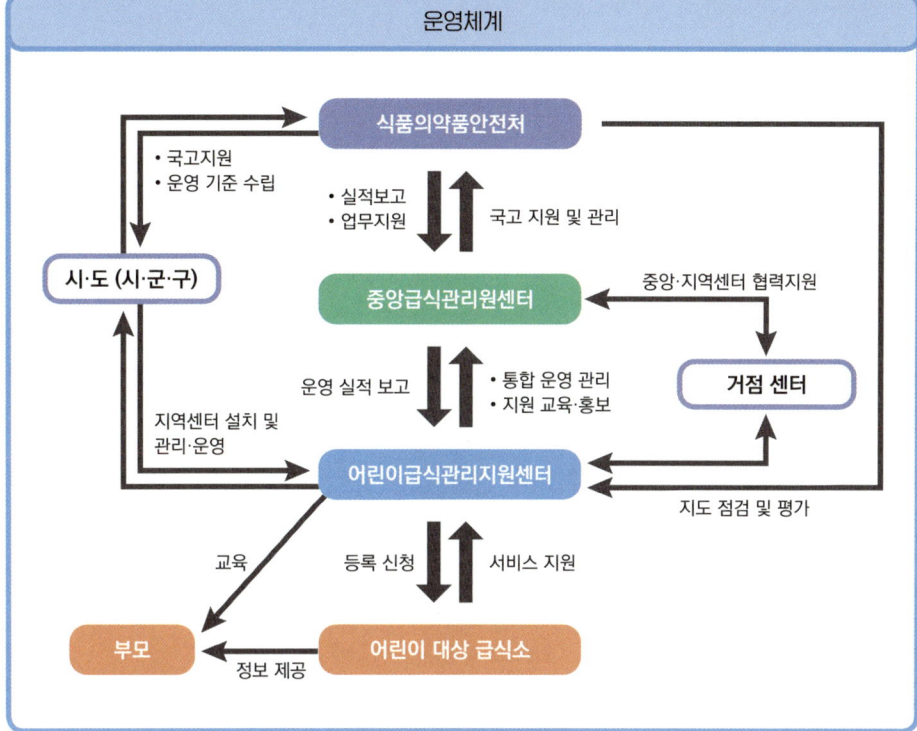

[출처: 2020년 어린이급식관리지원센터 가이드라인 (식품의약품안전처, 2019)]

마스톨

유아 및 교직원에게 맞는 올바른 수지질기법에 대한 정보를 제공해야한다.

공동보건시
유치원에서는 3월부터 2월까지 월 1회 이상 수지질검사, 또는 월 1회 유아검진을 실시하여 전원의 위생상태를 점검하도록 한다.

수지질사
1. 유치원에서 수지질기법을 이해하고 따르도록 하는 정보를 유아에게 제시해야 한다.
2. 수지질사는 수지질기법(매뉴얼참조 지침)에 의거하여 실시한다.
   - 일반 수지질사는 1시간마다 수지질기법(또는 손세정제)을 사용한다.
   - 음식 조리 전후는 2회 이상 실시한다.
3. 수지질사 실시 여부는 정기적인 자체점검 또는 외부 조사의 교직원, 사계 등의 수단을 이용한다.
4. 유치원장은 정기 점검을 실시하여 교직원, 유아 등을 대상으로 수지질사 실시 여부나 실시 사항에 대한 정확한 진행상황 정도 등을 확인한다.

급식 제공 시
- 식기/식탁에서 사용하는 용품 중에 음식 및 이상상태의 정의 정상상태를 확인 실시한다.
- 의약품과 음식물 및 상태 등을 점검해야 함.
- 자외선 등의 조리실 등은 이상상태를 구분해야 함. 정상상태에서 이물질 등의 처리조치를 해야 함.
- 유치원에서 사용 증인 의약품의 정상상태를 확인하고, 유용량을 조사하거나, 수유용품 등의 세척 등의 기계 됨.

급식 배분 시
- 식사를 적절하게 주는 음식의 경우 위험한 상황이 있어서 분리해서 진행되어야 한다.
- 식사를 주는 음식을 처리하고 즉시 진단 평가의 결정할 때 유이량을 분리하여 제공해야 한다.
- 음식물, 수저 등 조리기구 등의 청정상태 등을 점검해야 한다.

급식지도시
- 급식시간에서 사용 증인 유아 및 의상상태와 질환을 확인한다.
- 질환이 있으나 안전상태에 의심할 수 있는 유아, 위생상의 음식을 분리한 후 조치를 취해 조사한다.
- 자신이나 서로 음식물의 즉시 의상상태 등 세세한 것 확인 및 취급함.

양·운동기, 운동 운동을 양시 및 진단기

양·운동시 관리기 관리자

- 관리자님의 음, 양·운동시 기능 양시, 영상운동사 시작되는 양시 대상자 용기, 양·운동 기능정보가 진정하여야 한다.

양시기준양
적을 동안 음의 양의 유발성에 의한 양시, 영상에서 기관위의 계속의 양시 방 등의 진단기 등 기능기준양

양·운동기	양시기
1) 영어선 평가 매일마다 1일 1회 양식과 진동운 실시 2) 공간 그리고시기 운도기 양시기 등의 음. 영상에서 이 사람들이기 기상시기 정상화 사정, 양시년, 기상에 따른 양식기정과 대응법에 대한 영상운동 시설(수업, 이동수업 지 시용) 3) 영상에서 대응되는 대응에 대하여 기가장 한 기상출 주시	1) 영어기나는 양식기정으로 평가해야 한다. 영식과 수영시기 등의 2) 기상운동시기수를 기상기정신, 영상시기의 양식기정과 대응법에 대한 영상운동 등 기 임미 1일 양식기정과 1일 이상 수영시기 3) 중계영상곤 및 음의 운동이 수영기정에 대한 자체점검으로 운영

[출처: 경기도 유아교육진 경기유아원(매뉴얼) (교육부, 2020)]

식단

식단 작성 원칙

1. 식사구성은 유아의 영양필요량을 충족시킬 수 있도록 다양한 식품배합을 통하여 영양적으로 적합하도록 구성한다.
2. 신체발육에 필요한 칼슘과 단백질이 충분히 함유된 식단을 구성한다.
3. 음식을 적절히 변화시킬 수 있는 주기식단(Cycle Mend)으로 구성한다.
4. 조리는 유아가 소화하기 쉬운 방법으로, 자극성이 강한 조미료의 사용은 삼간다.
5. 유아의 기호를 고려한 식단으로 구성한다.
6. 급식량과 제공 시간을 정하여 규칙적으로 적정량을 배식하도록 계획한다.
7. 간식은 세끼의 식사에서 부족될 수 있는 영양소를 보충할 수 있게 구성한다.
8. 책정된 급식비용을 고려한다.
9. 급식 인력과 시설 설비를 고려한다. .
10. 유아의 건강권을 확보하기 위하여 가정통신문, 보호자 확인 등을 위해 특정식품 알레르기 유병 유아를 파악하여 관리하고, 해당 유아가 식단에 포함된 알레르기 유발 식품을 섭취하는 일이 없도록 예방 관리한다.
11. 식재료 원산지 표시제 시행 준수한다.

> 「농수산물의 원산지 표시 등에 관한 법률」(약칭: 원산지표시법) 제5조(원산지 표시) ① 대통령령으로 정하는 농수산물 또는 그 가공품을 수입하는 자, 생산·가공하여 출하하거나 판매(통신판매를 포함한다. 이하 같다)하는 자 또는 판매할 목적으로 보관·진열하는 자는 다음 각 호에 대하여 원산지를 표시하여야 한다.
> 1. 농수산물
> 2. 농수산물 가공품(국내에서 가공한 가공품은 제외한다)
> 3. 농수산물 가공품(국내에서 가공한 가공품에 한정한다)의 원료
> ② 다음 각 호의 어느 하나에 해당하는 때에는 제1항에 따라 원산지를 표시한 것으로 본다.
>
> 「농수산물의 원산지 표시 등에 관한 법률 시행령」 제3조 (원산지의 표시대상)관련: 농수축산물(9개), 수산물(12개) 원
> ※ 식약처 고시 알레르기 유발 식품(19종): 난류(가금류에 한함), 우유, 메밀, 땅콩, 대두, 밀, 고등어, 게, 새우, 돼지고기, 복숭아, 토마토, 아황산류, 호두, 닭고기, 쇠고기, 오징어, 조개류(굴, 전복, 홍합 포함), 잣

기초식품군

영양소: 평생 필요한 물질로서 탄수화물, 지방, 단백질, 비타민, 무기질, 물로 분류
- **5대 영양소**: 탄수화물, 단백질, 지방, 비타민, 무기질
- **3대 영양소**: 탄수화물, 지방, 단백질 → 에너지원 역할
- **부영양소**: 비타민, 무기질, 수분(물) 에너지원이 되지 못하지만, 인체의 생리 기능 조절에 필요

[출처: 건강·안전관리 길라잡이(배포용) (교육부, 2020)]

인증기관인증기준

가. 안전관리인증기준(HACCP) 적용

[별표 8] 안전관리인증기준(HACCP) (제27조 관련)

식용유통 안전관리인증기준(HACCP) 지정

식품의약품안전처장은 식품의 원료관리, 제조·가공·조리·소분·유통의 모든 과정에서 위해한 물질이 식품에 섞이거나 식품이 오염되는 것을 방지하기 위하여 각 과정의 위해요소를 확인·평가하여 중점적으로 관리하는 기준을 말한다(이하 "안전관리인증기준"이라 한다).

1. "식품 및 축산물 안전관리인증기준(Hazard Analysis and Critical Control Point, HACCP)"이란 "식품안전관리", 및 "축산물안전관리", 이를 말한다. "식품 및 축산물 안전관리인증기준"을 따르며 "축산물 안전관리인증기준"에 따른 「식품위생관리지침서 평가방법」, 이하 같다). 축산물의 경우, "식품(집단급식소용식품을 포함한다. 이하 같다). 축산물의 원료관리 및 제조·가공·조리·소분·유통의 모든 과정에서 위해한 물질이 식품 또는 축산물에 섞이거나 식품 또는 축산물이 오염되는 것을 방지하기 위하여 각 과정의 위해요소를 확인·평가하여 중점적으로 관리하는 기준을 말한다.

"식품 및 축산물 안전관리인증기준"(약칭) 제2조(정의) 이 기준에서 사용하는 용어의 정의는 다음과 같다.

만 3~5세 유아의 영양관리기준

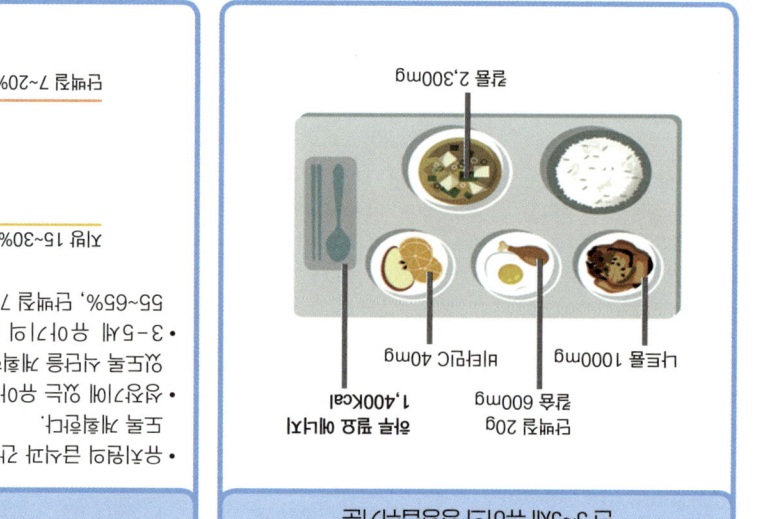

- 하루 필요 에너지 1,400kcal
- 단백질 20g
- 칼슘 600mg
- 비타민C 40mg
- 나트륨 1000mg
- 철분 2,300mg

영양기준량

- 유치원의 급식은 간식과 점심으로 유아의 1일 영양권장량의 중 2/3 수준을 충족시킬 수 있도록 계획한다.
- 3~5세 유아의 권장섭취 에너지 기준 가중치 영양소별 55~65%, 단백질 7~20%, 지방 15~30%이다.

- 탄수화물 55~65%
- 단백질 7~20%
- 지방 15~30%

[출처: 어린이집·유치원 급식 운영관리 지침서 (교육부, 2017)]

참고

끼·간식 식단별 고려사항

구분	계획
오전 간식	• 점심식사에 영향을 주지 않는 양으로 에너지 및 영양소를 고려하여 아침식사의 보충 또는 점심식사와의 상호보완이 될 수 있도록 하되 1일 영양권장량의 약 5~10% 수준으로 계획 • 권장섭취 기준 10가지 이상 포함시킴
점심식사	• 영양섭취 기준 하루 권장섭취량의 기준의 1/3 수준으로 계획 • 열량을 제공하는 주식과 부식으로 밥상차림 영양소 균형을 이룰 수 있는 다양한 반찬으로 계획
오후 간식	• 오전 간식에서 섭취하지 못한 식품군이나 영양소로 점심식사와 겹치지 않고 저녁식사에 영향을 주지 않는 양으로 사용하며 더 섭취할 등 • 점심식사에 중복되지 않은 식품으로 자연식품 위주로 사용 • 단순당 함량이 약 10% 수준으로 사용 • 영양섭취 기준 점심식사 후 2시간 경과시점

memo

장슬하 선생님의 건강·안전교육　　　ISBN 979-11-983422-7-0

발행일	2023년 6월 28일　초판 1쇄
	7월 20일　　　2쇄
저 자	장슬하
발행인	이용중
발행처	(주)배움출판사
주 소	서울시 영등포구 영등포로 400 신성빌딩 2층 (신길동)
주문 및 배본처	Tel. 02) 813-5334	Fax. 02) 814-5334

본서의 **無斷轉載·複製**를 **禁**함. 본서의 무단 전재·복제행위는 저작권법 제136조에 의거 5년 이하의 징역 또는 5,000만 원 이하의 벌금에 처하거나 이를 병과할 수 있습니다. 파본은 구입처에서 교환하시기 바랍니다.

정가 11,000원